MAXIME ROVERE

WIE MAN MIT IDIOTEN UMGEHT

Dieses Werk wurde vom Institut français d'Autriche im Rahmen des Zweig-Programms gefördert.

Gedruckt mit freundlicher Unterstützung von Stadt Wien Kultur

Picus Konturen
Herausgegeben von Georg Hauptfeld

Druckprodukt mit finanziellem
Klimabeitrag
ClimatePartner.com/17357-2508-1003

MIX
Papier | Fördert gute Waldnutzung
FSC® C106954
FSC
www.fsc.org

Originaltitel: »Que faire des cons?
Pour ne pas en rester un soi-même«

Friedrich-Schmidt-Platz 4/7, 1080 Wien
info@picus.at

Grafische Gestaltung: Buntspecht, Wien
Druck und Verarbeitung:
Florjančič Tisk d.o.o., Maribor
ISBN 978-3-7117-3503-4

Informationen über das aktuelle Programm
des Picus Verlags und Veranstaltungen unter
www.picus.at

MAXIME ROVERE

WIE MAN MIT IDIOTEN UMGEHT

OHNE SELBST EINER ZU BLEIBEN

Aus dem Französischen von
Alexander Potyka

PICUS VERLAG WIEN

INHALT

EINLEITUNG

> *»Wir haben uns nämlich vom Volk*
> *entfernt, das ist eine Tatsache …*
> *Sie lachen, Karamasow«?*
> FJODOR M. DOSTOJEWSKI, Die Brüder
> Karamasow, vierter Teil, zehntes Buch

Philosophen haben das Problem, das wir hier behandeln, nie ernst genommen, weil sie sich, aus gutem Grund, vor allem den intellektuellen Fähigkeiten des Menschen zuwenden. Ihr Bemühen, die unterschiedlichen Formen des »Verstehens« zu begreifen und zu erforschen, konnte die Existenz der Idiotie nicht völlig außer Acht lassen – eben weil Verstehen und Dummheit selbst bei oberflächlicher Betrachtung per definitionem umgekehrt proportional zueinander stehen: Je weniger wir Idioten sind, umso besser verstehen wir. Deshalb definieren Philosophen ihre Widersacher fast ausschließlich negativ und setzen voraus, dass wir ihren Standpunkt einnehmen, den eines zumindest *theoretisch* intelligenten Menschen. Ohne gleich eine Geschichte der Philosophie der Dummheit zu erzählen, sei darauf hingewiesen, dass Philosophinnen und Philosophen Dummheit – in der Gestalt von *Meinung*, *Vorurteil*, *Ehrgeiz*, *Aberglaube*, *Intoleranz*, *Leidenschaft*, *Dogmatismus*, *Pedanterie* oder *Nihilismus* – als Hindernis sowohl für die Erkenntnis als auch für moralische Vollkommenheit, für vernünftige Diskussionen wie auch für das Leben in der Gemeinschaft sehen. Dadurch haben sie freilich zum Verständnis der Idiotie in ihren unterschiedlichen Erscheinungsformen beigetragen. Indem sie das Problem jedoch übermäßig intellektualisiert haben – was sonst soll man von Meistern des Denkens erwarten –, war es ihnen unmöglich zu erfassen, wie sehr die Dummheit ein echtes Problem darstellt.

Um es auf einen einfachen Nenner zu bringen: Das Problem ist nicht die Dummheit, das Problem sind die Idiotinnen und Idioten. Welche Definition der Idiotie auch immer man wählt, es läuft immer auf dasselbe hinaus: Die Dummheit muss mit allen möglichen und vorstellbaren Mitteln, unter Einsatz aller menschlichen und nicht menschlichen Kräfte absolut – beziehungsweise so weit wie möglich – bekämpft und ausgelöscht werden. Die lateinische Formel *stultitia delenda est* beschreibt einen befreienden Hass, einen wilden, grenzenlosen und gnadenlosen Hass auf die Dummheit: *Sie muss ausgerottet werden.* Aber was ist mit den realen Idioten, also denen, die unseren Alltag belasten, die uns in den öffentlichen Verkehrsmitteln begegnen, denen man täglich bei der Arbeit ausgesetzt ist, mit denen wir zusammenleben und die wir (leider!) sogar in unseren Familien vorfinden – und ja, selbst unter den Menschen, die ein Stück unseres Weges mit uns gegangen sind, Freundinnen und Freunde, Geliebte, die eines Tages die Maske fallen lassen und ihr wahres hässliches Gesicht zeigen … Genau diese Idioten! Wer würde denn ernsthaft fordern, sie zu vernichten? Nur die größten Idioten würden tatsächlich so weit gehen.

Idioten sind also aus philosophischer Sicht ein wesentlich heikleres und gravierenderes Problem als die Dummheit selbst. Ihre Existenz als blödsinnige und häufig aggressive Banausen stellt ein extrem komplexes, weil kreisförmiges Problem dar. Wenn Sie nämlich mit einem Idioten oder einer Idiotin zu tun haben, passiert sofort etwas, das Ihre eigene Intelligenz (im weitesten Sinn des Wortes Ihre Fähigkeit, *zu verstehen*) mindert. Ich würde natürlich nicht so weit gehen, Sie, meine Leserinnen und Leser, zu beleidigen; aber geben Sie zu, schon wenn Sie jemanden als Idiotin oder Idioten identifizieren, gibt es kein *Gegenüber* mehr, sondern Sie befinden sich *in einer Situation*, die Ihre Verständnisfähigkeit ernsthaft beeinträchtigt. Eines der wesentlichen Merkmale der Blödheit – man muss sie einfach bei ihrem alltäglichen Namen nennen – besteht darin, Ihre Analysefähigkeit gewissermaßen zu absorbieren und Sie durch einen merkwürdigen Zwang dazu zu bringen, ihre Sprache zu sprechen, sich auf ihr Spiel einzulassen, in anderen Worten: sich auf ihr Terrain zu begeben.

Ich war selbst in meinen eigenen vier Wänden damit konfrontiert und hatte das – glücklicherweise vorübergehende – Vergnügen, mit einem dieser Idioten zusammenzuleben. Weil es so schwer ist, sich aus dieser Falle zu befreien, beschloss ich, meine anspruchsvollsten universitären Arbeiten zu unterbrechen, um mir selbst und allen anderen zuliebe diesem Problem, das sicherlich zu den größten zählt, zu Leibe zu rücken und mich wenn möglich davon zu erlösen.

Aber bevor ich auf die Herausforderungen, die uns die Idioten bereiten – und die ich für mindestens so wichtig erachte wie die dringlichsten Fragen, mit denen sich die Philosophie jemals beschäftigt hat –, im Detail eingehe, muss ich eines klären: Dieses Buch behandelt die Idiotie *faktisch*, nicht *theoretisch*. Es ist mir, anders gesagt, völlig bewusst, dass der Schwachsinn als moralisches, politisches und soziales Phänomen vor allem einmal unterbunden werden muss. Wir müssen Wege finden, unser Zusammenleben so zu organisieren, dass junge Menschen nicht zu Idioten werden – selbst wenn sie, unabhängig von ihrem sozialen Milieu, häufig Töchter und Söhne von Idiotinnen und Idioten sind. Das ist vordringlich. Aber unsere Anstrengungen, die Entwicklung der Intelligenz im großen Stil zu fördern, dürfen uns nicht blind für deren Grenzen machen: Nicht nur hängen Einsatz und Wirkung von Anti-Schwachsinn-Strategien von einer Vielzahl von Faktoren ab, es wird niemals eine Gesellschaft geben, in der nicht zumindest ein Teil der Bevölkerung – und sei es eine einzige Person – von zumindest einem anderen Teil dieser Bevölkerung – selbst einem einzigen Mitglied – als besonders idiotisch angesehen wird. In diesem Sinne wird es die Idiotie, trotz aller legitimen und sachkundigen Anstrengungen der Humanwissenschaften und von wohlmeinenden Menschen, faktisch immer geben, obwohl sie theoretisch auflösbar ist.

Man muss sich also eingestehen: Selbst in der besten aller Welten und beim allerbesten Willen werden Sie *immer und zwangsläufig* auf Idiotinnen und Idioten treffen. Das liegt übrigens nicht nur daran, dass allen historischen Umwälzungen zum Trotz immer welche übrig bleiben; denn der Schwachsinn ist anpassungsfähig. Er zeichnet sich durch einen ganz eigenen Widerstand aus, den die Idioten allen Bemühungen entgegensetzen, eine beliebige Situation zu verbessern – und sei es ihre eigene. Mit kräftigem Widerstand werden sie stets versuchen, Ihre Argumente in endlosen Reflexionen zu ertränken, Ihr Wohlwollen durch Drohungen, Ihre Sanftmut durch Gewalt und das Gemeinwohl in einer Blindheit zu ersticken, die sogar die Grundlagen ihrer eigenen Interessen untergräbt. So gesehen ist die Idiotie nicht bloß eine Art unbegreiflicher Überrest der menschlichen Evolution, sondern ganz im Gegenteil einer der wesentlichen Motoren der Geschichte, eine Kraft, die – trotz oder eher wegen ihrer Verblendung – einen großen Teil der Kämpfe der Vergangenheit ebenso für sich entschieden hat, wie sie es auch in Zukunft oft tun wird. Die unüberwindliche Dauerhaftigkeit dieser Kraft lässt sich wohl mit der Formel zusammenfassen: *Idioten beharren auf ihrer Dummheit.*

Diese Eigenschaft bringt die einfachsten Lösungen zum Scheitern. Denn die Sturheit der Idiotinnen und Idioten macht es sinnlos, für Toleranz angesichts der Intoleranz zu plädieren, für Aufklärung angesichts des Aberglaubens, für einen offenen Geist angesichts von Vorurteilen und so weiter. Große Erklärungen und gute Absichten erfreuen nur die Redenden selbst, und diese Freude ist bloß eine weitere Form, wie die Idiotie ihre Gegner absorbiert, in ihre Netze schlägt und immer und immer wieder alle Klärungsversuche untergräbt.

Aus allen diesen Gründen ist jede Versöhnung mit Idiotinnen und Idioten strukturell unmöglich, denn sie selbst haben keinerlei Interesse daran; deshalb müssen wir, wohl oder übel, mit ihnen *zurechtkommen.* Aber wie? Wie sollen wir, angesichts der Tatsache, dass es sie sogar zwangsläufig immer schon und für immer gibt und geben wird, Wege und Mittel finden, mit den Idiotinnen und Idioten *zurechtzukommen* (für Präventionsmaßnahmen ist es ohnehin schon zu spät)?

Wüsste ich in dem Moment, in dem ich die Frage stelle, bereits die Antwort, wäre ich selbst einer von ihnen. Aber ich habe noch ein paar Trümpfe im Ärmel: einen groben Plan, ein wenig Methodik und Erfahrung im abstrakten Denken. Lassen Sie uns also gemeinsam erkunden, ob die Philosophie für dieses dringende Problem klare Lösungen anbieten kann.

DREI SCHLUSSFOLGERUNGEN, BEVOR WIR ZUR SACHE KOMMEN

He, nicht drängeln!
Warum gehen Sie denn nicht weiter in den Gang hinein?
Da weitergehen?
Dann hören Sie doch auf zu drängeln!
Gehen Sie doch weiter!
Drängeln Sie nicht!
Warten Sie doch!
Können Sie nicht weitergehen?
Ich habe Ihnen doch schon gesagt …

Man ist immer für irgendwen ein Idiot, es gibt unzählige Formen der Idiotie, und der größte Idiot ist der im Spiegelbild. Nachdem das gesagt ist, können wir anfangen nachzudenken.

Wenn Sie dieses Buch zu lesen beginnen, haben Sie bestimmte Erlebnisse mit Idioten im Sinn. Leider! Konkrete Gesichter, konkrete Namen tauchen auf … Ihre schmerzhaften Erfahrungen, das Leid und die Ungerechtigkeit, die Sie erlebt haben, lösen das Bedürfnis aus, es ihnen heimzuzahlen, was aber voraussetzt, mehr über die Idiotinnen und Idioten in Erfahrung zu bringen, sich vielleicht ein wenig über sie lustig zu machen und sich ihnen überlegen zu fühlen. Ich teile diesen Wunsch. Aber bevor ich beginne, möchte ich Ihre Aufmerksamkeit auf ein Problem innerhalb unseres Problems lenken, nämlich auf eine Definitionsfrage.

Während man nämlich die Dummheit an sich leicht definieren kann, ist es sehr schwer, präzise abzugrenzen, was den Idioten zum Idioten macht. Zwei Dinge springen ins Auge: Einerseits handelt es sich um einen so hochgradig relativen Begriff, dass es immer jemanden geben wird, für den oder die Sie ein Idiot oder eine Idiotin sind; vermutlich gibt es deshalb bis heute keine ernsthafte Untersuchung des Phänomens (auch ich hätte mich nicht darauf eingelassen, wenn ich die Wahl gehabt hätte). Andererseits und umgekehrt kann man sagen, jeder und jede hat seinen oder ihren Idioten, seine oder ihre Idiotin. Wer immer dieses Buch zur Hand nimmt, erwartet also eine eindeutige Definition für ein Wesen, dessen Konturen schwammiger sind als die eines Phantoms, dessen Gegenwart für ihn oder sie aber viel offensichtlicher ist als jene Gottes. Wir würden uns wünschen, die Philosophie könnte uns die Erfahrung dieser Sache, die in unserem Leben in der Gestalt konkreter Idioten und Idiotinnen aufgetaucht ist, verständlicher machen.

Aber überlegen Sie einmal: Vom Standpunkt einer reinen Intelligenz aus gibt es keine Idioten. Ein ideal gedachter Gott sieht nirgends Idioten, wenn er auf die Welt blickt. Denn sein grenzenloses Verständnis erkennt sofort die Mechanik der Ursachen, das Ineinandergreifen der Umstände und die Dynamik der Interaktionen, die das menschliche Handeln bestimmen. In seiner grenzenlosen Güte akzeptiert seine unendliche Liebe noch die dümmsten Improvisationen, die unpassendsten Gesten und Äußerungen, die Hinterlistigkeiten und so weiter. In seiner Allmacht weiß er, warum alles in der Welt seinen Platz hat, und sein Vertrauen in das Universum ermöglicht es ihm, diesen Umstand in Anbetracht selbst der absurdesten Haltungen, Fehler und Ausflüchte nicht zu vergessen. Nein, die Idioten tauchen auf dem Radar des Allmächtigen nicht auf. Unter seinem perfekten Blick lösen sie sich einfach auf.

Aber wir sind nicht Gott. Das Problem, das wir mit Idiotinnen und Idioten haben, rührt offensichtlich daher, dass uns die Begegnung mit ihnen unsere eigenen Grenzen vor Augen führt. Die Idioten markieren den Punkt, jenseits dessen wir kein Verständnis und keine Liebe mehr aufbringen können. Das lässt uns nur zwei Möglichkeiten. Entweder wir verhalten uns in unserer Begrenztheit wie Einfaltspinsel, die Freude daran finden, sich über das, was sie nicht verstehen, lustig zu machen. Oder wir anerkennen die Macht der Idiotie, also ihre Wirkung auf uns, und greifen auf die Kraft jener Konzepte zurück, mit denen wir uns schließlich über die Idioten erheben können und nicht nur besser werden als sie, sondern besser als wir selbst.

Dieser zweite Weg hat einen gravierenden Haken: Er macht nicht immer Spaß und kann manchmal sogar richtig ätzend sein. Aber ich möchte wetten, dass es uns nach wenigen weitgehend von philosophischem Jargon freien Seiten gelingen wird, die Idioten als komplexes Phänomen zu begreifen.

Noch bevor ich überhaupt anfange, taucht jedoch eine weitere Schwierigkeit auf: Die Bandbreite an Idiotie ist so groß, dass es unmöglich scheint, alle Idioten auf einmal unter die Lupe zu nehmen. Es gibt die Idioten, die so fest auf ihren Überzeugungen sitzen, dass ihnen jeder Selbstzweifel fern ist, andere verwerfen alles und zweifeln selbst an der Wahrheit, und dann gibt es die, denen die beiden ersten Gruppen egal sind, denen überhaupt alles egal ist, auch Katastrophen, die vermeidbar wären. Wie kann man über all diese Idioten zugleich urteilen?

Eine Möglichkeit wäre es, Typen und Arten von Schwachsinnigen zu definieren, sie in Gruppen zu gliedern, vielleicht einen Stammbaum der Idioten zu entwerfen. So eine Typologie hätte für mich aber den entscheidenden Nachteil, dass sie den Idioten eine Konsistenz zusprechen würde, die sie nicht haben. Ginge es darum, eine Liste aufzustellen, um die unterschiedlichen Arten von Idioten einzeln zu identifizieren und zu beschreiben, könnten wir uns vermutlich auf einige Idioten einigen, einzelne Idioten-Typen oder ihre »Essenzen« herausfinden, wie bei Parfüms. Für unser Unterfangen wäre das aber kontraproduktiv: Wir würden unsere persönlichen Erfahrungen überbewerten, würden denken, wir hätten es mit *Figuren* zu tun und nicht mit Situationen. Je mehr Ihrer eigenen Idioten Sie dabei wiedererkennen würden, umso größer wäre Ihre Überzeugung, dass es Idioten an sich gibt, wie es den Vogel Strauß gibt oder Rotbuchen (was eben, wie ich zeigen werde, nicht zutrifft). Diese Überzeugung würde Sie weiter vom Standpunkt der reinen Intelligenz und der Güte abbringen, sodass letztlich dieses Buch, wie so viele andere, Ihre Vorurteile noch vertiefen würde, statt Sie (und mich) zu ein wenig mehr Weisheit zu führen.

Idiotinnen und Idioten zu klassifizieren, wird uns also nicht dabei weiterhelfen, sie oder die Art, wie sie in unserem Leben auftauchen, zu verstehen und besser in den Griff zu bekommen. Natürlich gibt es in unzähligen Filmen, Komödien und Romanen den typischen Idioten, dessen völliger Mangel an Fantasie die anderen – wie von Zauberhand – zu kreativen Leistungen antreibt. Aber das bestätigt nur meine Behauptung. Denn die Philosophie arbeitet mit Konzepten, nicht mit Figuren. Ich habe, um den unterschiedlichsten Fällen gerecht zu werden, kurze Intermezzi vor den einzelnen Kapiteln vorgesehen, die sichtbar machen sollen, welche Erfahrungen ich vor Augen habe, während ich an der Abstraktion arbeite. Aber ich möchte hier nichts erfinden. Ich möchte verstehen.

Anders gesagt: Auch wenn das in der Philosophie ziemlich unüblich ist, schlage ich vor, dass wir uns nicht mit einer allzu genauen Definition von Idiotinnen und Idioten aufhalten. Lassen wir sie im Nebulösen, wo jeder und jede von uns die seinen erkennen wird. Übrigens – ehrlich gesagt ist es mir völlig gleichgültig, ob ich genau weiß, was sie sind, woher sie kommen und auf welche abstoßende Art sie sich vermehren.

Ich verlange nur, dass sie mich in Ruhe lassen – und genau hier, in meinem empfindsamen Herzen, das nur lieben will, liegt das Problem, vielmehr pflanzt es sich ein wie ein Stachel: Die Idioten lassen uns nicht in Frieden und am meisten belästigen sie diejenigen, die nichts mit ihnen zu tun haben wollen. Daher lautet das zweite Axiom dieses Buches: *Die Idioten sind überall und sie überwältigen uns.*

Genau das ist das Rätsel. Wie findet die Idiotie ihren Weg, wie gelingt es ihr, sich einzunisten und sich heimtückisch bis ins Innerste von *theoretisch intelligenten Subjekten* zu schlängeln? Um diese Frage zu beantworten, müssen wir dort beginnen, wo die Intelligenz endet, weshalb ich Ihnen, geschätzte Leser und geliebte Leserinnen, drei Beobachtungen anbiete, die ein geschickterer und weniger offenherziger Autor als ich für die Schlussfolgerung aufgehoben hätte, nämlich: Jeder und jede von uns ist für irgendjemanden ein Idiot oder eine Idiotin; die Formen der Idiotie sind unendlich in ihrer Zahl; und den größten Idioten, die größte Idiotin tragen wir in uns selbst. Diese drei Beobachtungen sind absolut zutreffend, aber für mich sind sie unbrauchbar. Ich erwarte von der Philosophie, genaue konzeptionelle Verfahren zu liefern, die es mir erlauben, die Lücken meiner Intelligenz zu überwinden, das mangelnde Durchhaltevermögen meiner Güte, das ich jedes Mal bemerke, wenn ich durch diese konkrete Tür links von mir gehe und mich mit der menschlichen Dummheit konfrontiert sehe.

WIE MAN DEN IDIOTEN INS NETZ GEHT

Es gibt Idioten, die keinen Ärger mit ihren Frauen wollen, und es gibt Idiotinnen, die keinen Ärger mit ihren Männern wollen, andere mit ihren Kindern, wieder andere mit ihren Eltern, mit ihren Nachbarn, andere mit ihren Kollegen, mit ihren Schülern, mit ihren Professoren, mit ihren Chefinnen oder Chefs, mit den Medien, andere mit ihren Kunden, mit der Polizei … Und durch dieses Ausweichen, diesen verzweifelten Versuch, einander aus dem Weg zu gehen, geraten die Idiotinnen und Idioten ständig aneinander.

Hier entdecken wir, dass die Idiotie eine Konstellation ist, mit der die Dummköpfe Sie einfangen. Und wie Sie Ihre Gedanken so lenken können, dass Sie ihnen entkommen.

Idioten tauchen ohne Vorankündigung gerade in dem Moment auf, in dem Sie am wenigsten damit rechnen. Sie waren nicht darauf vorbereitet. Sie wollten nur etwas erledigen, sich fortbewegen oder sich an einer Landschaft erfreuen, arbeiten oder das Leben genießen – also leben, einfach leben und Ihren Weg gehen. Aber da taucht die menschliche Dummheit auf. Ob Sie an diesem Morgen oder diesem Abend gut gelaunt waren, ist jetzt nicht mehr wichtig, Sie verkrampfen sich angesichts dieser Idiotie, sie belastet Sie. Um es, mit Verlaub, etwas dramatischer auszudrücken: Sie verletzt Sie. Auch wenn Sie den Ehrgeiz haben, darüberzustehen, verletzt Sie die Idiotie. Und die Tatsache, dass Sie verletzt sind, ärgert Sie, und das verschlimmert und vergrößert wiederum die Verletzung.

Lassen wir jeden Stolz fahren und wagen wir einen näheren Blick auf die Wunde. In den tausend alltäglichen Fällen – das Auto, das in Ihre Spur schneidet, der Passant, der seinem

Hund einen Tritt gibt oder seinen Mist achtlos auf den Boden schmeißt – mangelt es dem Idioten, der Idiotin an Respekt vor anderen sowie an gesundem Hausverstand, und damit zerstört er, zerstört sie letzten Endes die Grundlagen des Zusammenlebens. Um es gleich vorwegzunehmen: Natürlich sind die meisten dieser Verhaltensformen selbst bloß Symptome tiefer liegender Probleme, für die nicht allein die betroffenen Personen verantwortlich sind: schwierige und prekäre Arbeitsbedingungen, eine beängstigend zügellose Unterhaltungs- und Konsumindustrie, das Scheitern der Rahmenbedingungen für zwischenmenschliche Beziehungen … Um die Situation völlig zu verstehen, sollte man bedenken, dass nicht nur die Schwachsinnigen den Rahmen des Zusammenlebens zerstören, sondern dass eine kranke Gesellschaft auch Idiotinnen und Idioten hervorbringt. Dass aber menschliche Ausprägungen das Ergebnis von Umständen sind, ändert nichts an der Tatsache, dass es Idioten gibt.

Daraus ergibt sich also eine erste wichtige Überlegung: Wir definieren Idioten oder Idiotinnen anhand ihres Verhaltens, das wir für unangemessen halten. Und damit stufen wir sie, und sei es bloß für den Augenblick, auf einer moralischen Skala, auf der wir unser eigenes Streben nach Vollkommenheit bemessen, als unter uns stehend ein.

Bevor ich näher darauf eingehe, möchte ich einen möglichen Einwand gleich ausräumen. Hat man, angesichts der Tatsache, dass jede und jeder Einzelne von uns in den Augen von jemandem ein Idiot ist (siehe voriges Kapitel), überhaupt das Recht, jemand anderen Idiotin oder Idiot zu nennen? Vermutlich findet ja genau der oder die, wir seien der Idiot … Wer könnte überhaupt definieren, was ein vollkommener Mensch ist? Wenn man diesen Gedanken zu Ende führt, hieße das, Idiotie existiert gar nicht absolut, sie ist relativ, wie die Wertmaßstäbe, auf denen sie fußt, und folgt ausschließlich subjektiven Gesichtspunkten. So gesehen spiegelt sie nichts als persönliche Vorlieben wider, die nur für den Einzelnen gelten. Nun denn! Mit diesem Relativismus kann ich leben. Ich stimme freimütig zu, dass jede und jeder von uns für jemanden ein Idiot oder eine Idiotin ist; das bedeutet aber noch lange nicht, dass alle Idioten und Idiotinnen gleichwertig sind. Wenn jeder seine eigene Vorstellung von Idiotie hat, dann gibt es zwischen diesen Auffassungen zwangsläufig Übereinstimmungen und Widersprüche. In der lokalen und dringlichen Situation, die unser Thema ist, ist der Idiot oder die Idiotin jene oder jener, die (bei allen Unterschieden) von der größten Zahl anderer so gesehen werden: Objektive Idiotie ist also nichts, was absolut existiert und worauf subjektive Einschätzungen aufbauen könnten, sondern sie entsteht durch die Überschneidung dieser Einschätzungen, man könnte sagen, die Objektivität definiert sich als Schnittmenge der Subjektivitäten, als deren Gemeinsames. Dass der Begriff der Idiotie subjektiv ist, bedeutet aber nicht, dass er keinen Wahrheitsgehalt hätte; ganz im Gegenteil, er drückt die Wahrheit dieser Subjektivitäten aus. Ich folgere also ein weiteres Mal, dass man behaupten kann, dass es Idioten und Idiotinnen tatsächlich gibt, nämlich Menschen, die in ihrem Streben nach Vollkommenheit, und sei es bloß unter den gegebenen Umständen, *weniger* erfolgreich sind als andere. Selbst wenn es im Detail unterschiedliche Einschätzungen geben mag, weiß das, meines Erachtens, wirklich jeder und jede.

Nur liegt in all dem eine merkwürdige Anomalie. Jene, die sich sozusagen als Zeugen der Idiotie empfinden, müssten die beschriebene Situation aus einer Position der Überlegenheit betrachten können: Wenn jemand auf der moralischen Werteskala, die unser Streben nach Vollkommenheit misst, durch sein Verhalten (und sei es nur für den Moment) als tief stehend betrachtet wird, müssten sich die anderen doch darüber befinden. Wenn sich jemand unanständig, störend oder gefährlich verhält, müsste unsere Überlegenheit uns also ermöglichen, die Situation mit Leichtigkeit – und ohne Wut – in den Griff zu bekommen und den Idioten daran zu hindern, Schaden anzurichten. Genau das ist aber nicht der Fall. Warum? Weil Idiotie nicht bloß Schwäche oder moralische Unterlegenheit bedeutet. Es gibt da eine weitere wichtige Eigenschaft: Idiotie ist nicht bloß Schwäche, sie ist Hässlichkeit. Sie definiert sich als das abstoßende Antlitz der menschlichen Schwäche.

Hier beginnt das eigentliche Problem kompliziert zu werden. Verblüfft darüber, jemanden (aus *mehr oder weniger gutem*, niemals aber *ohne Grund)* als minder beurteilen zu müssen, sind wir ebenso überrascht, an uns selbst eine Art von Zurückhaltung, Verachtung und Abscheu wahrzunehmen. Das überfordert uns. Wir wissen, wir spüren, dass wir mehr wert sind als der Schmutzfink, der in der öffentlichen Toilette nicht gespült hat, oder die Baronesse, die glaubt, ihr Geld entschuldige jedes Verhalten, aber unser Selbstwertgefühl genügt nicht, um über ihre Idiotie zu triumphieren. Ganz im Gegenteil! Je mehr wir uns über sie ärgern, je stärker wir das Bedürfnis verspüren, sie festzunageln oder sie aus unserer Welt verschwinden zu lassen, umso mehr identifizieren wir sie als Idiotinnen oder Idioten: als Wesen, die jedes Wohlwollen und jede Liebe abstoßen. Die Identifikation der Idiotie mag auf moralischen Werturteilen begründet sein, diese bewirken aber gleichzeitig eine affektive Beziehung – also eine Emotion –, die per definitionem negativ ist, die uns drängt, unsere Mitmenschlichkeit aufgrund einer unstillbaren Ungeduld reflexartig zu unterdrücken, ohne zu wissen, ob das Rettung oder Untergang bedeutet. Wie man es auch nimmt, wir verabscheuen die Idioten und Idiotinnen – *stultitia delenda est.*

Das setzt einen merkwürdigen Mechanismus in Gang. Ich werde das in den folgenden Kapiteln mehrmals, aber mit unterschiedlichen Bildern beschreiben, um verschiedene Fallstricke aus dem Weg zu räumen. Wenden wir uns wieder dem Dummkopf zu, um den wir uns versammelt haben, der unser Leben verpestet und bei dem wir uns darauf geeinigt haben, ihn tiefer einzustufen als uns selbst ... In dem Moment, in dem wir Abscheu für den Idioten empfinden, leidet unsere Fähigkeit zur Empathie. Tatsächlich! Je mehr Sie erkennen, dass der Idiot ein Idiot ist, umso weniger Wohlwollen werden Sie empfinden können, umso weiter entfernen Sie sich von Ihrem eigenen Ideal des Menschseins, und umso mehr verwandeln Sie selbst sich ... im selben Ausmaß ... in ein feindseliges Wesen, also einen Idioten (was sich daran erkennen lässt, dass der Idiot nun eben Sie für einen Idioten oder eine Idiotin hält). Natürlich! Was immer dieser Dummkopf tut, verletzt Sie, weshalb Sie ihn weghaben wollen, und sei es nur, um Ihr Unbehagen zu beseitigen. Der andere geht Ihnen einfach auf die Nerven, er stößt Sie ab ... aber je weiter Sie abrücken, umso mehr beschimpft er Sie. Also rücken Sie noch weiter ab ... und versinken damit immer tiefer in Ihrer Verachtung ... Wie sollten Sie ihn denn nicht verabscheuen, wo doch alles nur seine Schuld ist! Aber je mehr Sie ihn verachten ... umso tiefer versinken Sie.

Dieser Treibsand illustriert den Prozess, der uns, als Schlussfolgerung dieses ersten Kapitels, aufzeigt, warum es so schwer ist voranzukommen, wenn man mit Idiotinnen und Idioten zu tun hat. Dieser Blick auf die Unvollkommenheit des menschlichen Wesens lässt uns Haltungen einnehmen, die nicht nur das von außen beobachtete Wesen wie ein Objekt herabsetzen, sondern auch das beobachtende Subjekt selbst, den angeblichen Betrachter menschlichen Schwachsinns. Das bedeutet, es ist strukturell unmöglich, bloß Zeuge der Idiotie zu sein. Der Gedanke, die Idiotie würde Ihnen eine neutrale Position erlauben, ist ein Widerspruch in sich: Indem Sie jemanden als Idiot oder Idiotin identifizieren, haben Sie bereits gegen sie Partei ergriffen. Dieser Mangel an Neutralität ist nicht folgenlos: Ihr Urteil bewirkt unmittelbar und augenblicklich, dass Sie diesem Dummkopf weniger Liebe oder Wohlwollen entgegenbringen, als Sie eigentlich könnten. Die Idioten sind also so ein großes Ärgernis, weil sie ein dynamisches Problem darstellen, das die zu seiner Lösung erforderlichen Grundlagen zerstört.

Ich möchte daher mit dem ersten einer Reihe von Sätzen enden, die ich »Schablonen« nenne, weil sie speziell dafür gedacht sind, dereinst, wenn es notwendig werden sollte, von Jüngeren als mir an die Wände gesprayt zu werden – die Sie sich aber ebenso gut unter die Lider pinseln sollten, um sie nicht aus dem Blick zu verlieren:

1.
Versuchen Sie nicht, Idioten zu belehren.
Ändern Sie die Situation,
nicht die Menschen.

WIE MAN SEINE VERBLÜFFUNG ÜBERWINDET

Entschuldigung, guten Tag … Ist das nicht ein wunderbarer Strand?
Ja.
Unbeschreiblich, dieses Gefühl der Weite …
…
Ich sehe, Sie haben Ihr Radio mitgebracht. Es ist angenehm, Musik zu hören.
Ja.
Ich hör auch gern Musik. Ich habe meine Kopfhörer mit. Aber … Äh. Stört Sie der Schatten unseres Schirms auch wirklich nicht?
Ahh, nein. Die Sonne wandert ohnehin.
Könnten Sie vielleicht … ich meine … es wäre vermutlich für alle angenehmer … wenn Sie …
Wenn ich was?

Hier entdecken wir, wie eine unbewusste Schlussfolgerung uns Leid mit etwas Schlechtem verwechseln lässt, und warum Idioten Ereignisse sind wie andere auch.

Das Problem mit dem Teufelskreis, das ich Treibsand genannt habe, besteht darin, dass sich Idiotie nicht in einem einzelnen Befund fassen lässt: Weil sie so stark ansteckend ist, übertragen die Idioten sie unmittelbar. Indem man einen Idioten als solchen identifiziert, ist man selbst auf bestem Wege, einer oder eine zu werden, weil es bedeutet, dass man die eigene Nüchternheit und Deutungsfähigkeit offenbar bereits verloren hat. Wenn Sie sich gegen einen Idioten zur Wehr setzen, befördern Sie damit bloß das Entstehen eines neuen – in Ihnen selbst. Eine albtraumhafte Situation, schlimmer als jeder Science-Fiction-Film, aber sie erklärt Ihre Panikreaktion.

Der Versuch, diesen Teufelskreis zu durchbrechen, hat zu einer ganzen Reihe von philosophischen, religiösen, mythologischen, literarischen und künstlerischen sowie vielen weiteren Beobachtungen geführt. Um sie auf einen gemeinsamen Nenner zu bringen: Es ist kein Geheimnis, dass wir dazu neigen, liebenswerte Menschen zu lieben und jenen zuzulächeln, die uns anlächeln; noch einmal, es handelt sich um einen Kreis – diesmal weniger um einen Teufels- als um einen Engelskreis –, in dem das Phänomen, das wir Liebe (oder meinetwegen Wohlwollen) nennen, sich allein aus der Interaktion seiner Elemente speist. Bei der Idiotie ist das genau umgekehrt, sie drängt uns zu einer feindseligen Reaktion – also muss die Lösung zwangsläufig darin liegen, diese emotionale Dynamik umzudrehen.

Ein Ausweg aus dem Problem bestünde also darin, den Rückwärtsgang einzulegen und, wie man immer wieder lesen kann, auf den Hass mit Liebe zu antworten, die Beleidigungen zu vergeben, die Dinge auch von der anderen Seite zu betrachten, die andere Wange hinzuhalten – kurz, diese verdammte Kreatur, die Ihnen auf den Nerven herumtanzt, anzulächeln. Denn nur Ihre eigene Großmut kann Ihnen – und ebenso dem Idioten oder der Idiotin – dabei helfen, zu einer besseren Menschlichkeit zurückzufinden.

Leider birgt diese Lösung, die ich ein *Umschalten*, eine *Umkehr* nennen würde, eine Schwierigkeit, die wir nur zu gut kennen. Moralisches Umschalten setzt nämlich voraus, alle Kräfte auszuschalten, die zum Konflikt führen, also das Gesetz von Ursache und Wirkung auszusetzen, den Lauf der Dinge zu unterbrechen und die entgegengesetzte Richtung einzuschlagen. Das wirkt nicht nur sehr schwer machbar, sondern es ist auch logisch absurd. Wo sollten Sie, frage ich Sie, die Kraft hernehmen, dem Idioten, der Sie verachtet, ein komplizenhaftes Zwinkern zu schenken oder der Vollidiotin zuzulächeln, die wissentlich all Ihre Bemühungen zerstört? Wo ist die Kraftquelle, die Sie benötigen würden, um einem Idioten die Stirn zu bieten, angesichts unserer Erkenntnis, dass die Idiotie zur Expansion neigt, also dazu, Ihre moralische Kraft zu untergraben? Der Appell zum Umschalten setzt voraus, was dieses eigentlich erst bewirken soll: die Kraft, zu tun, was Sie *theoretisch* tun müssen – im Bewusstsein, dass Ihnen diese Kraft *de facto* fehlt.

Deshalb folgt dieses Umschalten, in welcher Tradition es auch auftaucht, immer einer Logik der Heiligkeit und der Gnade: Es impliziert eine Kraft, die Sie übersteigt, die nicht wirklich die Ihre, vielleicht nicht wirklich menschlich ist und dort übernimmt, wo Sie versagen. Damit dieses Umschalten gelingen kann, müssen Sie sich zum Mittler einer Kraft machen, die größer als Ihre eigene, ja vielleicht übermenschlich ist. Nennen Sie es Gott, die Götter, die Geister, den Lauf der Geschichte oder eine beliebige moralische Tugend, künstlerische Inspiration oder die Macht der Vernunft. Diese zusätzliche Kraft, die Ihnen das Umschalten ermöglicht, muss von irgendwoher kommen und das kann nur von *woanders* sein (jedenfalls weder von Ihnen noch von mir und schon gar nicht von den Idioten).

Über das Thema haben viele großherzige Männer und Frauen geschrieben, ich möchte mich nicht damit aufhalten. Ich möchte nur auf den in meinen Augen wichtigsten Aspekt dieser Idee des Umschaltens hinweisen, nämlich das interessante, um nicht zu sagen geniale Angebot, das es darstellt. Die Idee ist mehr als ein frommer Wunsch, ihre Perspektive auf den Mechanismus der Idiotie bietet die Möglichkeit, die moralischen Kräfte in ihr Gegenteil umzukehren, ohne gegen sie ankämpfen zu müssen. Schwachsinniges Verhalten verletzt uns und schwächt uns vorübergehend, ich habe bereits darauf hingewiesen; aber entgegen dem ersten Eindruck bedeutet das natürlich nicht, dass es uns unserer Kräfte *absolut* beraubt. Natürlich, Idiotie ist per definitionem verletzend, und die Idioten schaden einander meistens gegenseitig. Aber die Idiotie ist deshalb noch lange nichts *absolut* Böses: Wir sollten uns da in nichts hineinsteigern. Im Bann unserer Panik haben wir eine grundsätzliche Unterscheidung übersehen: *Schlechtes tun* bedeutet nämlich nicht gleich *schlecht sein*. Idioten handeln schlecht (ein Urteil, das wir dank unserer Intelligenz fällen können), gleichzeitig tun sie uns nicht gut (diese affektive Bestimmung beschreibt die Beziehung zwischen den Idioten und uns). Aber aus diesen beiden Erkenntnissen lässt sich nicht ableiten, dass Idioten die Bestimmung zum absoluten und universellen Schlechten verkörpern. Geben Sie zu, genau das haben Sie gedacht! Das *Schlechte* als abstrakter Begriff schert sich nicht um Beziehungen, es gilt per definitionem unabhängig von seinem Entstehungszusammenhang. Ohne jetzt die Beschaffenheit dieses Begriffs zu diskutieren, müssen Sie eingestehen, dass Sie wegen Ihres spezifischen Leidens (das Ihre Ex auslöst, die Sie wegen des alten Staubsaugers nervt, oder Ihr Mitarbeiter, dem Sie hundertmal dasselbe erklären müssen, ohne dass er sich daran hielte) gedanklich von der Vorstellung eines relativen Rahmens – das konkrete Handeln der Idioten und Ihre konkrete Reaktion darauf – zu einer absoluten Feststellung gelangt sind: *stultitia delenda est,* die universelle Idiotie muss absolut vernichtet werden und dieser konkrete Idiot muss verschwinden, wenn das irgendwie möglich ist. Diese gedankliche Entgleisung nennt man eine Induktion, man hat vom Speziellen aufs Allgemeine geschlossen, und diese Induktion ist falsch. Durch diese (unbewusste) Logik ist der Keim oder das Virus der Idiotie in Sie eingedrungen. Denn Sie erklären eine tatsächlich relative Wahrheit zur absoluten und sich selbst damit (natürlich unbewusst) zum Richter über das Universum; seine eigene Meinung als absolut zu betrachten, entspricht aber nun einmal dem göttlichen Selbstverständnis des Idioten. Nun denn! Sie sind wohl bereit, einzugestehen, dass Sie trotz Ihres Schmerzes nicht davon ausgehen können, dass die Existenz des Idioten oder der Idiotin etwas Schlechtes ist oder auch nur, dass das idiotische Verhalten, das er oder sie an den Tag legt, schlecht ist (ich spreche hier von Dummheiten, nicht von Straftaten). Diese Erkenntnis hat einen großen Vorteil: Sie ermöglicht es, eine Situation, die ich zuvor als treibsandartig beschrieben habe, zu stabilisieren. Denn wir haben gerade verstanden, dass sie weniger durch eine Interaktion zwischen Personen hervorgerufen wird als durch eine Art von Schockzustand, in den Sie verfallen, wenn Sie von jemandem verletzt werden, und der Ihre ganze Aufmerksamkeit auf die Verwundung fokussiert. Ja, der Teufelskreis, der zwischen dem Idioten und Ihnen entsteht, stützt sich auf einen inneren Konflikt, der Ihre Kraft verzehrt, während sie sich von Ihrem guten Willen abwendet: Weil Sie sich schlecht gefühlt haben, halten Sie auch die Existenz des Idioten für etwas Schlechtes, oder, wenn Sie wollen, ein Unglück. Deshalb habe ich dieses Kapitel mit »Verblüffung« betitelt. Der Treibsand ist eine Illusion, die sich von und in der Panik nährt. Weil Sie nicht wussten, wie Sie mit dem Schmerz fertig werden können, sind Sie davon ausgegangen, dass man ihm nicht anders entkommen kann als durch die Vernichtung entweder des Idioten oder der Idiotie an sich. Diese Gedankenfolge ist natürlich und notwendig, aber sie hat Ihre Reflexion in eine Sackgasse geführt, denn sie ist einfach falsch.

Die unumstößliche Negativität der Idiotie scheint eher ein Ereignis zu sein, das wie jedes andere nicht *an sich* schlecht ist, auch wenn es schmerzvoll ist. Ein Ereignis bietet, wie jeder weiß, immer eine Ambivalenz: Es kann gut oder schlecht ausgehen, mehr oder weniger gut, mehr oder weniger schlecht; sein Ergebnis steht nicht von Anfang an fest, auch wenn es die Folge einer Kette von Ursachen und Wirkungen ist; ein Ereignis ist letztlich reine Realität, die, nackt und weich wie ein

Neugeborenes, für Veränderungen offen ist. Und der Idiot, der Sie tagaus, tagein mit seinen zotigen Bemerkungen belästigt, ist natürlich ebenfalls für Veränderungen offen, er schreit geradezu danach. Ja, er fordert Sie heraus. Aber er fordert Sie weder zur Gewalt auf (das würde Sie in den Treibsand sinken lassen) noch zur Heiligkeit (obwohl … wenn sie Ihnen gelingt, halten Sie sich nicht zurück!): Er ruft Sie zur Prüfung auf. So gesehen bietet er Ihnen die Gelegenheit, die moralischen Werte unter Beweis zu stellen, auf die Sie sich, zu Recht, berufen, wenn Sie ihn zum Idioten erklären, und die Sie sich selbst zuschreiben in Ihrem Streben nach menschlicher Vollkommenheit. Daraus schließe ich:

2.

Wenn Ihnen Idioten im Weg stehen,
dann kommt die Moral ins Spiel.

WIE MAN VOM FEHLER ZUR CHANCE GELANGT

Unter den Idioten gibt es jene, die ihre aufgestauten Frustrationen an anderen auslassen, die die ganze Welt mit Vorwürfen überhäufen, die Sie mit übler Nachrede überschwemmen, die vom Schlechten und der unerschöpflichen Menge an Schlechtem, das es über andere zu sagen gibt, fasziniert sind und die Sie absolut charmant finden, bloß weil sie kein Wort gesagt haben. Wenn ihnen später wieder die Galle übergeht, werden sie einen anderen Gesprächspartner finden, bei dem sie sich über all das Schlechte auslassen können, das unermesslich Schlechte, das sie von anderen denken, und denen sie erzählen können, wie und in welchem Maße sie auch von Ihnen enttäuscht wurden.

Hier entdecken wir, dass die Idiotie keine Zuseher hat, nur Komplizen. Und dass sie uns genau darum nicht kaltlässt und uns zum Handeln verleitet.

Wenn Sie nicht alles falsch verstanden haben, was Sie auf den bisherigen Seiten gelesen haben, werden Sie mir beipflichten, dass Idioten minderwertige Wesen sind, aber dass das noch lange kein Grund ist, am Universum zu verzweifeln. Die Panik ist also verpufft und Sie verstehen jetzt, dass ein Idiot erstens eine Differenz zwischen sich und Ihnen herstellt (denn ja, er *ist* minderwertig); dass er Sie zweitens herausfordert (die Effekte dieser Differenz abzuwehren); und dass drittens sein Schwachsinn Ihnen einen Vorteil verschafft, Sie über ihn stellt. Wenn Sie das einmal begriffen haben, sind Sie wieder Herr oder Herrin Ihres Schicksals. Sollten Sie diese Überlegenheit nicht spüren können, lesen Sie diese letzten Zeilen einfach noch einmal.

Ob das den Mystikern der Gnade oder den Voluntaristen der moralischen Überlegenheit nun gefällt oder nicht – Sie benötigen zunächst gar nicht mehr Stärke, als Ihnen zur Verfügung steht. Da Sie nun zwischen dem relativ Schlechten und dem absolut Schlechten unterscheiden können, verstehen Sie: Je idiotischer der Idiot, umso dringender erfordert er hier und jetzt von Ihnen und niemand anderem eine angemessene Reaktion, die ihn daran hindert, noch mehr anzurichten. Es geht nicht mehr darum, dass er eine Beleidigung für die Menschheit darstellt. Wir sehen nun, dass er *absolut* genau der Dummkopf ist, der Ihre eigene Menschlichkeit herausfordert. Genau die Menschlichkeit, die Sie in sich selbst zur Vollendung bringen wollen.

Mit dem Begriff der *Herausforderung* lässt sich unsere erste Beschreibung vollständig überdenken, sodass wir uns, ohne moralisches Umschalten, endgültig aus dem Treibsand befreien können. Es geht nicht bloß darum, die Idiotie zu relativieren; es geht darum, Ihre Aufmerksamkeit von den negativen Anteilen der Interaktion (der Idiotie des Idioten) abzuziehen, die über Ihre Verblüffung in Ihr Innerstes eindringen und einen Kreislauf von Ablehnung (Abstoßung, Widerstand) in Gang setzen, der letztlich Sie selbst zu einem Idioten oder einer Idiotin macht. Ohne sonst irgendetwas zu verändern, genügt es schon, Ihre Aufmerksamkeit wieder auf das Einzige zurückzulenken, das zählt: die Herausforderung, die jedes beliebige Ereignis für Ihre Menschlichkeit darstellt. Ich nenne es *Herausforderung*, um die persönliche und intime Dimension der Begegnung mit einem anderen zu unterstreichen. Es handelt sich ja nicht bloß um eine zufällige Gelegenheit zum Handeln. Es geht vielmehr um eine Person – und sei es ein Unbekannter, den Sie noch nie gesehen haben und den Sie nie wiedersehen werden –, die sich an Sie und ausschließlich an Sie wendet.

Sie wissen nun, dass Sie sich, wenn Sie einem Idioten begegnen, zuallererst bewusst machen müssen, dass dieser gerade im Treibsand versinkt (welcher Treibsand? Ihnen egal!) und dass Sie unter diesen Umständen gewissermaßen die einzige Hoffnung in unserem Aufstieg zur Menschlichkeit verkörpern. Um nicht selber zu versinken, müssen Sie also erkennen, dass der Idiot oder die Idiotin eine Dysfunktion oder besser gesagt eine Abweichung von Ihrer Vorstellung von Menschsein darstellt. Und wer sollte diese Vorstellung verteidigen, wenn nicht Sie? Deshalb ist es allein und ausschließlich Ihre Aufgabe, den Frieden und das Einverständnis wiederherzustellen. Selbstverständlich ist es das! Sie können das nicht gut von ihr oder von ihm erwarten, sie sind doch Idioten! Mit anderen Worten, je schwachsinniger die anderen sind, umso weiser müssen Sie selbst sein, umso mehr müssen Sie sich bemühen, die Dinge zu verstehen, um sie zu bewegen.

Während die moralische Umkehr, ein Umschalten ein Übermaß an Liebe voraussetzt, wie es die großen Prinzipien zur Verfügung stellen (die Liebe Gottes, die universelle Harmonie, die Vernunft, die Pragmatik, die Stärke und so weiter), lädt das Konzept der Herausforderung Sie dazu ein, das Phänomen als Einzelner anzugehen, ja es als *exklusiv* an Sie gerichtet zu verstehen – als wäre der Idiot ein an Sie adressierter Brief, der nur von Ihnen geöffnet werden kann. Die einen werden sagen, das Schicksal hat ihn geschickt, die anderen, es war Gott. Ich hingegen sage Ihnen, es gibt keine Zeugen für die Idiotie, was auf dasselbe hinausläuft. Denn es bedeutet, dass es Ihnen nicht möglich ist, den Idioten, der auftaucht, von außen zu beobachten, Sie sind, anders als Sie denken, kein *sogenannter Zuseher.* Sie werden sagen, dass Sie mit seiner Idiotie nichts zu tun haben, und ich werde Ihnen antworten, dass Sie das durchaus haben, weil Sie es sind, der oder die die Idiotie wahrnimmt. Selbst wenn Sie dieser Gedanke abstößt: Es braucht zwei für das Spiel.

Natürlich streiten Sie ab, was ich gerade erklärt habe. Doch das können Sie nur, wenn Sie angesichts eines Idioten eine gefährliche falsche Schlussfolgerung ziehen, nämlich das Spezielle an der Situation wegwischen. Um die Formel zu vervollständigen, mit der ich Sie aus Ihrer Hypnose wecken und zur Besinnung kommen lassen will – hier ist der große Skandal: *Die Idiotie hat deshalb keine Zeugen, weil sie nur Komplizen hat.* Ich weiß aus Erfahrung, dass dieser Gedanke abstoßend ist. Aber wir müssen diesen Dorn, der so schmerzhaft in unserer Haut steckt, herausziehen. Es ist der Moment gekommen, Ihre Aufmerksamkeit auf Ihre eigene Rolle in dieser Situation zu lenken.

Denn was Sie empört, was Sie in Ihrer Auflehnung so *unnötig* wütend macht, ist diese Vorstellung von Verantwortung, durch die Sie sich von der Idiotie des Idioten oder der Idiotin freikaufen wollen. Sie denken, nachdem Sie diesen Konflikt nicht geschaffen haben, kann es auch nicht Ihre Aufgabe sein, ihn zu lösen. Sie denken, würden Sie auch nur einen Schritt in Richtung Aussöhnung machen, hieße das anzuerkennen, dass Sie ein wenig Schuld an der Idiotie des anderen trügen, dass Sie dafür verantwortlich seien, denn Sie hätten die Initiative zur Befriedung zu ergreifen.

Wissen Sie was? Ihr Widerstand ist gerechtfertigt. Sie haben recht, es ist nun mal der Idiot, der die moralische Verantwortung für seine eigene Idiotie trägt. Wie ja übrigens immer die Idiotinnen und Idioten am Ausgangspunkt der Konflikte stehen. Und es deren eigene Idiotie ist. Aber Sie irren sich, wenn Sie glauben, dass das irgendeine Bedeutung hat. Wenn der Idiot einmal da ist, hilft es nicht mehr, zu jammern. Vielleicht liegt der Fehler ja bei ihm oder ihr, aber es geht letztlich um *Ihr* Leben. Ihre Aufmerksamkeit muss sich also *ausschließlich* auf die Situation richten, in die Sie geraten, um Ihren Handlungsspielraum auszuloten und die geeignetsten Strategien zu wählen. Verstehen Sie? Das Ereignis ist plötzlich in Ihr Leben getreten und Sie müssen sich ihm stellen. Ja sicher, es ist zumindest überraschend (und ebenso bedauerlich wie komisch), dass die große Herausforderung des Lebens ausgerechnet Gestalt und Stimme dieses Affen, dieses Taugenichts angenommen hat: Und mir ist klar, dass Sie ihn am liebsten zertreten würden. Wissen Sie denn nicht, dass Helden *immer* erst stinkende Monster vernichten müssen? Hören Sie auf, sich zu beschweren, dass das ungerecht ist und dass es sich um ein Missverständnis handeln muss. Geben Sie die Vorstellung auf, dass dieser Idiot oder diese Idiotin nicht Teil Ihres Lebens ist – das Gegenteil ist der Fall. Er oder sie wendet sich an Sie und keinen anderen und Sie müssen jetzt Ihren Wert unter Beweis stellen.

Dieser Gedanke erfordert eine neue Definition Ihrer Position und Ihres Handlungsfelds. Es geht nicht mehr darum, den Idioten zu vernichten. Er hat schon vor Ihrem Zusammentreffen existiert und wird sein Leben zweifellos auch zukünftig irgendwo fortsetzen. Ihr oberstes Ziel ist es, zu verhindern, dass er Ihnen schadet. Das kann bedeuten, ihn materiell aus Ihrem Leben zu entfernen, aber das geht nicht immer. Manchmal liegt es nicht einmal in Ihrer Macht, ihn vollständig davon abzuhalten, Ihnen zu schaden. Aber Sie begreifen, dass es für Sie nun darum geht, den Spielplan genau festzulegen, auf dem Sie die Steine dann entsprechend neu anordnen können. Auch in Fällen, in denen Sie die soziale Hierarchie daran hindert, ihm ans Zeug zu flicken.

Während also der Idiot vermutlich die Atmosphäre verpestet und auf allem herumtrampelt, was Ihnen wichtig ist, bietet er Ihnen *genau damit* auch die goldene Gelegenheit, Ihren eigenen Wert zu demonstrieren. Seien Sie nicht brutal, blind oder ungeduldig. Genau jetzt können Sie Ihre Intelligenz und Ihr Taktgefühl unter Beweis stellen: Diese Qualitäten haben keine andere Funktion als diese, *mit dem Idioten und durch ihn* gewinnen sie ihre Bedeutung. Die menschlichen Werte hätten schlicht keinen Sinn, gäbe es nicht ab und zu unglückliche Begegnungen, die ihren Einsatz erfordern.

Angesichts der Bewertungsambivalenz jeder Begebenheit und der wechselseitigen Verflechtungen von Subjekt und Objekt muss man das Auftreten eines Idioten oder einer Idiotin in unserem Alltag als eine günstige, notwendige und willkommene Gelegenheit für unsere eigene moralische Entwicklung betrachten. Sie ist auf wundersame Weise genau auf Sie und keinen anderen abgestimmt, da sie sich nun einmal Ihnen bietet. Ich schließe also damit, dass Idioten tatsächlich ein Glücksfall sind, und betone:

3.
Ergreifen Sie die Initiative,
den Frieden wiederherzustellen.

RÜCKFALL IN DIE EMOTION

Die Idioten, die mit ihrem guten Gedächtnis und ihrem Wissen angeben wollen, haben durch die Erfindung des Smartphones einen kräftigen Rückschlag erlitten. Trübsal blasend gleichen sie in Gesellschaft gestrandeten Dinosauriern nach einer Eiszeit. Nichts ist für sie schmerzhafter als ein Gesprächspartner, der ihre Abhandlungen über den Alten Orient oder die amerikanischen Institutionen durch einen Gegencheck in Wikipedia unterbricht: Als hätte ein Jäger ein Tier aus einer geschützten Art erlegt.

Wie es Biologen von Ökosystemen kennen, geht das Verschwinden der wissenden Idioten Hand in Hand mit dem Auftauchen von Idioten, die *Erfahrungen* aufzuweisen haben. Man muss sich nur ansehen, mit welcher Begeisterung sie einen mit Aufzählungen von Ländern und Städten, in denen sie schon gewesen sind, und von Menschen, die sie kennen oder kennengelernt haben, zumüllen. Sie müssen hinnehmen, wie sie sich mit aller Macht in dieses sinnlose Prestige hüllen wie in einen Mantel, weil sie das, womit sie Sie beeindrucken wollen, gar nicht verinnerlicht haben … Es sind verzweifelte Exhibitionisten, die sich produzieren, ohne auch nur ihren Mantel zu öffnen, und die von der Scham über das verzehrt werden, was sie fortgesetzt *nicht tun*.

Hier diskutieren wir das Übermaß an Emotionen so tiefschürfend, dass wir eine hohe Meinung vom Autor, aber auch von uns selbst gewinnen.

Leider hat Sie die vorangegangene Analyse nur zum Teil überzeugt. Natürlich haben Sie verstanden, dass es notwendig ist, Ihren Begriff des Schlechten im Alltag zu relativieren, ein logischer Vorgang, der den affektiven Impuls hemmt. Sie haben eingesehen, dass der Idiot nicht an sich schlecht ist, sondern bloß ein Schmerz, und dass der Kampf genau hier stattfinden muss. Wenn Sie vom Fehler (des Idioten) zu der Herausforderung (für Sie) übergehen, dann haben Sie Ihre Aufmerksamkeit neu zentriert – und aufgehört, sich mit dem zu beschäftigen, was der Idiot Ihnen raubt (Zeit, Geduld, Gelassenheit, Selbstvertrauen, Lebensfreude ...), sondern stattdessen damit, was er Ihnen ermöglicht – nämlich die Gelegenheit, Ihre Geduld, Gelassenheit und Lebensfreude unter Beweis zu stellen.

Ich habe so eine Ahnung, dass es Ihnen trotzdem nicht leichtfällt, die blöde Kuh, die Ihr Geheimnis verraten hat, oder den Trottel, der unter Ihrem Fenster grillt, als *Bereicherung* Ihres Lebens zu verstehen. Ich hab's verstanden, aber ich werde Ihnen zeigen, wieso Sie sich irren. (Ich führe diesen Gedanken wohlgemerkt auch für mich selbst aus, denn auf geradezu geniale, will sagen instinktive Weise scheint mein ganz persönlicher Idiot beschlossen zu haben, mir das Leben zu versauen – verblüffenderweise just in diesem Moment, in dem ich diese Zeilen schreibe.)

Um voranzukommen, müssen wir die Unausweichlichkeit von Rückfällen ins Emotionale in unsere Überlegungen einbeziehen. Auch die edelsten Gemüter sind davor nicht gefeit: Selbst wenn Ihnen die großen Prinzipien der Moralphilosophie vertraut sind (oder, wenn Ihnen das lieber ist, der Pfad der Weisheit), genügt es, dass ein Vollidiot ein Rotlicht überfährt, in Ihr Auto knallt und Sie wüst beschimpft, damit all Ihre logische Gewandtheit sich im Nu verflüchtigt. Auch das ist strukturell so: Wir wissen zwar, dass fast alle unsere Beschwerden relativ sind, also als Herausforderungen zu verstehen, mithin Chancen zum Wachstum in unserem Leben, aber wann immer wir mit einer solchen Herausforderung konfrontiert werden und sich auch nur ein leichter Schmerz (ganz ehrlich, was bedeutet schon ein Auto!) *absolut* einstellt, haben wir sofort wieder alles vergessen. Und wieder gelingt es der Idiotie, uns aus der Fassung zu bringen. Ich habe es bereits in der Einleitung gesagt: Die Idiotie gewinnt fast immer. Ein Grund mehr, sich nicht zu ergeben.

Was ich gerade beschrieben habe, möchte ich im Weiteren den *Feuerwerkseffekt* nennen. Dieser Effekt besteht darin, dass sich unter dem Eindruck einer beliebigen Emotion (das können auch Freude oder Liebe sein) die Menge an Dingen, die Sie gleichzeitig verarbeiten können, im umgekehrten Verhältnis zur Intensität des Gefühls reduziert. Je lebendiger die

Emotion, je heller das Feuerwerk, umso tiefer ist die Finsternis rundherum, umso weniger können Sie sehen. Mit jedem neuen Schock engt sich Ihr Sichtfeld weiter ein und das lokale Ereignis plustert sich zu universeller Bedeutung auf, als wäre niemals noch irgendetwas heller und leuchtender gewesen. Dass Ihr Schmerz Sie am Denken hindert, ist eine Untertreibung: Der Feuerwerkseffekt spielt eine zentrale Rolle in Ihrem Widerwillen, auch nur das Wort an Idioten zu richten, weil er Ihre Aufmerksamkeit ständig auf deren Idiotie lenkt.

Die Auswirkungen der Emotionen und die Anstrengungen, die sie erfordern, werden im Allgemeinen nicht ausreichend beachtet, weil der größte Teil der Philosophinnen und Philosophen und ihre Erben einen kontrollierten Diskurs vorziehen. Man muss zugeben, das ist eine ausgezeichnete Idee. Wenn die dumme Gans Sie zur Verzweiflung oder der Kretin Sie zum Platzen bringt, dann geht es darum, diese Explosion in Grenzen zu halten – natürlich nicht aus Nächstenliebe, geschweige denn aus Höflichkeit! Aber die plötzliche Entladung Ihrer starken Emotionen könnte schädlich sein für das, was Ihnen wichtig ist, also mit Ihren eigenen Interessen kollidieren. Wollen Sie behaupten, der Idiot oder die Idiotin hätte die Explosion verursacht? Falsch. Die sind so wenig verantwortlich für Ihre Emotionen wie das Feuerwerk für die Nacht. Wenn Sie Ihren Emotionen die Kontrolle überlassen, könnten diese hingegen Ihnen und Ihrer Umgebung ernsthaft schaden und die Situation weiter verschlimmern.

Angesichts dieser explosiven Macht erscheinen uns die Emotionen vor allem als Kräfte des Chaos; auch die Idioten selbst sind ja Elemente des Chaos; es liegt also, ich habe es bereits erwähnt, viel Weisheit darin, seine Gefühle in den Griff zu bekommen. Anders werden Sie mit den Idioten und Idiotinnen nicht fertig werden – was aber die Voraussetzung dafür wäre, dass die Welt wieder, wie Sie das nennen würden, ihren normalen Lauf nimmt oder Sie zumindest in Ruhe gelassen werden.

Der Begriff der Kontrolle, die man der Vehemenz der Gefühle entgegensetzen muss, suggeriert jedoch so etwas wie eine repressive Gewalt, als könnte die Stimme der Vernunft die Emotionen zum Verstummen bringen. Der Unmittelbarkeit des Ereignisses müsste man den Abstand der Reflexion entgegensetzen. Der Intensität des Erlebten die Kälte des Denkens. Der Begrenztheit des Subjektiven einen objektiven Standpunkt. Das klingt alles grundvernünftig, aber wie immer, wenn es um gesunde Vernunft geht, schwingt da auch ein gehöriges Maß an Naivität mit.

Alle diese Ansätze haben den Mangel, einen Dualismus von zwei Einheiten vorzusehen: hier die feste, unbewegliche und gute Ordnung, dort die zwangsläufig schlechte und zerstörerische Unordnung. Die ambitioniertesten unter meinen Studentinnen und Studenten versuchten, der Unordnung eine Lanze zu brechen und ihr positive Qualitäten zuzusprechen. Das Problem liegt aber gar nicht in der jeweiligen Bewertung der Pole, sondern im Dualismus selbst. Versuchen Sie, schlauer zu sein. Es ist ja nicht so schwer zu akzeptieren, dass eine lebendige Ordnung in der Lage ist, mit Unordnung umzugehen, das Ordnungsprinzip selbst kann also nicht im Gegensatz zu den Emotionen stehen. Wenn aber dieses Regulierungsprinzip nicht jenseits der Emotionen liegt, dann folgt daraus, dass es von diesen ausgehen muss, dass also die Gefühle zur Selbstregulierung fähig sind. Um diesen interessanten Gedanken näher zu beleuchten, müssen wir die Art und Weise überdenken, wie Emotionen die Grenze zwischen den Konzepten Ordnung und Unordnung verdeutlichen. Und zwar folgendermaßen: Erstens werden Sie mir zustimmen, dass die grob als negativ bezeichneten Emotionen – Angst, Trauer, Wut, Hass – nie frei von Fehlurteilen sind. Das heißt aber nicht, dass alle negativen Gefühle auf Fehlurteile zu reduzieren sind, also auf rein logische Ableitungen. Man erkennt sie an häufig sicht- und messbaren, intensiven Zuständen (erhöhte Pulsfrequenz, Schweißausbrüche, Erröten, Tränen und so weiter). Daher müssen Emotionen als Ereignisse begriffen werden, als Herausforderungen zweiten Grades. Die Existenz von Hass, Wut und so weiter ebenso wie die Existenz der Idioten sollte man nicht als einen Irrtum begreifen, sondern als Tatsache. Sie werden also nicht nur mit der Existenz des Idioten *fertig werden* müssen, der sich weigert, Ihr Bemühen durch eine Geste zu belohnen, die ihn nichts kosten würde, sondern Sie werden auch die Emotionen, die er bei Ihnen auslöst, *ertragen* müssen. Um die Sache ordentlich anzugehen, muss man die Prioritäten übrigens umkehren: Erst mit den Emotionen fertig werden, dann kann man sich um den Idioten oder die Idiotin kümmern.

Geht man davon aus, dass Emotionen eigenständige Ereignisse sind, wird man feststellen, dass sie fast immer überschießend sind, wohl oder übel also zur Seite des Chaos gehören. Aber genauerer Betrachtung hält dieser Gedanke nicht stand. Emotionen können nur (per definitionem) überschießend sein, wenn sie eine Grenze überschreiten; so eine Grenze kann es aber nur geben, wenn jemand oder etwas sie zuvor definiert hat, unabhängig von der Emotion; diese Grenze würde also eine Instanz voraussetzen, die außerhalb ihrer selbst liegt. Das zeigt uns, dass Emotionen jedes Mal überschießend werden, wenn (und nur wenn) eine Kontrollinstanz ihre souveräne Macht stört oder beeinträchtigt. Ich will das durch ein Beispiel verdeutlichen. Sie wissen, dass es vorteilhaft für Sie ist, niemanden zu beschimpfen – auch keine Idioten. Das Gefühl, das Sie verspüren, wenn Sie mit so einem Dummkopf zu tun haben, tritt also ganz selbstverständlich mit Ihrer inneren Vorstellung von Selbstkontrolle in Konflikt, der Sie eigentlich folgen wollen. Je größer das Hindernis ist, auf das Ihre Emotion stößt, umso vehementer wird sie. Das bedeutet nicht, dass man die Zügel schleifen lassen und alle Idioten, denen man begegnet, beschimpfen soll, sondern dass eine Ausdrucksform gefunden werden muss, die der Emotion, die Sie empfinden, angemessen ist, wann immer diese Sie erfasst.

Es geht vor allem darum, zu verstehen, dass die Assoziation von Emotion und Unordnung, von Emotion und Denkaussetzer, von Emotion und Exzess nicht durch die Natur der Emotion zustande kommt, sondern durch eine Störung, die außerhalb von ihr liegt, weshalb das alles (Unordnung, Denkaussetzer, Exzess) nicht direkt auf sie zurückzuführen ist. Um es mit einem Bild auszudrücken: Je mehr Abschirmungen Sie auf den Strand stellen, um sich vor dem Wind zu schützen, umso höher sind die Chancen, dass der Wind diese umblasen wird. Schuld daran wird nicht die zerstörerische Kraft des Windes sein, sondern der Idiot, der die Schirme aufgestellt hat.

Geben Sie also nicht Ihren Emotionen die Schuld, sondern gehen Sie das eigentliche Problem an, finden Sie eine angemessene Form, sie auszudrücken. Mit angemessen meine ich, dass Ihre Gesten und Worte in der Lage sein müssen, die Kraft der Emotionen durch die Artikulation bis zur Neige *aufzubrauchen.* Dieser Ausdruck müsste auch der Umgebung angepasst sein, also eine Form annehmen, die es anderen ermöglicht, Ihre Emotionen anzunehmen und zu verstehen statt sie zurückzuweisen und zu verleugnen, und so Ihre Interaktionen in der Zukunft verbessert. Wenn Ihnen dieser Versuch, Ihre Emotion zu entlasten und sie besser den Umständen anzupassen, womöglich ein wenig naiv oder blauäugig vorkommt, dann weil Sie meine Gedanken aus der Position der Kontrollinstanz gelesen haben. Ich kann Ihnen aber versprechen, Sie werden dadurch Ihr Herz erleichtern, wie man seinen kranken Darm erleichtert, und wir werden die Idioten dazu bringen, die Suppe bis zum letzten Tropfen auszulöffeln.

4.
Bekämpfen Sie Ihre Gefühle nicht.
Brauchen Sie sie auf.

WARUM DIE OHNMACHT DIE GRUNDLAGE DER PFLICHT IST

Es gibt Idioten, die Elefanten und Porzellanvasen zugleich sind. Schon ihr erster Händedruck vermittelt einem das beängstigende Gefühl von Gefahr. Von Beginn an weiß man, dass man mit ihnen behutsam umgehen wird müssen; man weicht praktisch mit jedem Satz, mit jedem Blick dem Konflikt aus; bei jedem Zusammentreffen setzt sich dieser Balanceakt fort, ohne dass Sie jemals sicher sein können, ob er Ihnen gelungen ist; und dann kommt der Tag, an dem alles zusammenbricht. Wenn man dann vor dem Scherbenhaufen steht, bekommt man eine Vorstellung des Irreversiblen – eine der schmerzhaftesten, aber auch eine der faszinierendsten Erfahrungen. Manche Philosophen erklären uns, und das ist wohl tröstlich gemeint, dass das Irreversible unvermeidlich war; aber das ist eine sanfte Lüge. Das Irreversible geschieht meistens zufällig. Genau das ist es, was die Idioten definiert: dass sie Unfälle unvermeidlich machen.

Hier entdecken wir, dass die moralische Haltung gegenüber den Idioten auf einer impliziten Moralpredigt fußt; dass diese Predigt eine Trickserei ist; und dass diese Trickserei Sie nicht befriedigen kann.

Die vorangegangenen Analysen haben das Problem auf seinen Kern zurückgeführt: die Herausforderung, im Hier und Jetzt mit dem Idioten oder der Idiotin umzugehen, die Ihr Leben verpesten. Diese Herausforderung hat Ihr Bemühen in die richtige Richtung gelenkt, also nicht gegen Ihre Emotionen, sondern mit ihnen. Jetzt können wir uns wieder den Fakten zuwenden, also den Handlungen, mit denen die Idioten Sie belästigen und durch die sie Ihre Verachtung verdienen, und können entscheiden, wie man darauf reagieren soll.

Ich möchte Sie zunächst ausdrücklich auf einen Punkt hinweisen: Selbst wenn es Lebewesen gibt, die in jeder Hinsicht abstoßend sind, ein Idiot zu sein ist – ebenso wie ein Weiser zu sein – nicht das Wesen eines Menschen; es ist eine Art, sich zu verhalten. Es ist also müßig, auf der zweifachen Bedeutung des Begriffs der »Idiotie« herumzureiten, also einerseits des entsprechenden Handelns *(eine Idiotie)*, andererseits der moralischen Bewertung des oder der Betreffenden *(ein Idiot)*. Niemand ist von Geburt an ein Idiot, auch wenn es Vollidioten gibt. Sie werden wohl zustimmen, dass sich idiotisch zu verhalten und ein Idiot zu sein nur zwei Bezeichnungen für ein und dasselbe sind. Deshalb – und hier liegt mein Interesse – ist die gängige Reaktion auf die Idiotie, sich auf das isoliert betrachtete Verhalten zu konzentrieren und zwischen dem, was Sie sind – ein menschliches Wesen –, und dem, was die Idioten durch ihre Idiotie *nicht* sind, aber sein *sollten*, nämlich andere menschliche Wesen, zu trennen.

Die Wut, die die Idioten bei Ihnen auslösen, steht also direkt mit der Vorstellung eines *Sollens* in Verbindung, einer Verpflichtung, wie ein Mensch sein *sollte*. Idioten und Idiotinnen schaffen eine Kluft zwischen dem, was sie tun, und der Art, wie ein menschliches Wesen sich verhalten *sollte*, zumindest nach Ihrer Vorstellung vom Menschsein. Für den Augenblick möchte ich weder diese Vorstellung noch die Weite Ihres Begriffs von Menschlichkeit diskutieren. Ich möchte mich erst einmal einer bestimmten moralisierenden Haltung zuwenden.

Ob Ihre Reaktion sich darauf beschränkt, einen Schwall von Beschimpfungen loszulassen, oder zu einer improvisierten Rede ausufert, ob Sie Ihre Vorwürfe vor sich hin grummeln oder sie in sich hineinfressen – es läuft immer auf dasselbe hinaus: Die Idiotie löst in der Regel Überlegungen bei Ihnen aus, die in eine Moralpredigt münden. *Geht's noch, Sie Idiot? Ja, du hast dich echt wie eine Idiotin verhalten. Hören Sie doch auf mit dem Scheiß!* Jede dieser einfachen Reaktionen verbirgt einen moralischen Vorwurf. In einer Aktion, die so rasch erfolgt, dass sie unbewusst bleibt, stellt Ihr Denken eine Reihe von moralischen Pflichten, die für Sie zum vollkommenen Menschsein dazugehören, einem Handeln gegenüber, das diesen Pflichten nicht gerecht wird. Und dann schlagen Sie die beiden gegeneinander wie ein Affe, der den roten Kreis in das weiße Quadrat bekommen möchte. Völlig sinnlos. Das kann gar nicht funktionieren.

Dabei gestehe ich Ihnen gerne zu, dass es nicht völlig absurd ist, Verhaltensweisen nach einer Werteskala zu beurteilen und zu versuchen, andere von dem System, auf dem sie beruht, zu überzeugen. Wenn ein Mensch einem anderen moralisch kommt, dann versucht er, sich auf dessen Fähigkeit zu stützen, eine bestimmte Menge an Regeln zu verstehen, ihre Gültigkeit zu akzeptieren und so sein Handeln als das zu erkennen, was es ist. Wenn der Idiot nämlich versteht, dass er sich idiotisch verhalten hat, dann ist er per definitionem keiner mehr. Die Neigung, ihm eine Moralpredigt zu halten, ist so gesehen nichts anderes als der Versuch, den Idioten (das Individuum selbst, als Handelnder) von seiner eigenen Idiotie (dem Handeln) zu trennen. Das könnte gewissermaßen ein erster Schritt zu Ihrer Versöhnung sein. Weil Sie lieber seine Unterstützung als seine Gegnerschaft wollen und um ihn auf Ihre Seite zu ziehen, erläutern Sie ihm sozusagen die Regeln, die in Ihrer Welt gelten. Wenn er sie annimmt, sind Sie zwei menschliche Wesen, die demselben Ereignis gegenüberstehen.

Zu moralisieren ist also der Versuch, das, womit sich der andere identifiziert, zu verändern. Es geht darum, dafür zu sorgen, dass der Idiot oder die Idiotin sich vom eigenen Handeln lösen und sich stattdessen mit dem Wertesystem identifizieren kann, das Sie vertreten, sodass die Person, die sich schlecht verhalten hat, das künftig nicht mehr tut. Sie bemühen sich also darum, die subjektive Konstruktion des anderen umzuorientieren, damit er sein Verhalten an einer Werteskala ausrichtet, auf der er, wenn er seinen Irrtum einmal erkannt hat, aufsteigen kann. Ganz nebenbei erklärt das, dass der quantitative Vergleich von

Personen (als höher oder tiefer auf der *Werteskala* stehend) die Übernahme eines qualitativen Wertesystems voraussetzt. Im Kern bedeutet das, jedes Moralisieren verweist auf den Begriff eines *Sollens*, das jemand, der das verabsäumt hat, annehmen soll, in der Hoffnung, dass dieses Eingeständnis eines Verfehlens ihn künftig zu einem besseren Handeln führen wird.

Hier nun wird alles auf spektakuläre Weise auf den Kopf gestellt. Wer auch immer der Sprechende ist, man wird feststellen, dass sich der Begriff des Sollens nur über einen merkwürdigen Umweg formulieren lässt. In der konkreten Situation kann sich der Austausch natürlich auf Beschimpfungen beschränken. Aber selbst der einfachsten Argumentation liegt eine Mechanik von Repräsentationen zugrunde, die man freilegen kann. Das wird in dem, was Sie dem Idioten wirklich sagen, nicht sichtbar; es handelt sich vielmehr um einen impliziten Diskurs, der Ihnen gar nicht bewusst ist und den man folgenderweise in Worte fassen könnte:

Du hast dich nicht verhalten, wie du hättest sollen, und das sag nicht bloß ich dir, es ist etwas Größeres als ich.

In die Zukunft transponiert lautet die Formel des Sollens ungefähr so:

So sollst du dich nicht verhalten,
  nicht weil ich es dir sage
  (NB: Ich bin schon daran gescheitert, es zu verhindern)
  sondern weil etwas Größeres als ich
  (durch meinen Mund) *zu dir spricht.*

In der Haltung, die ich hier in Worte zu fassen versuche, erkennt man ein merkwürdiges Spiel von Spiegelungen und Projektionen. Zunächst verdoppelt sich der Sprechende zu zwei Einheiten; er ist der, der in der ersten Person spricht, aber er bezieht sich auch auf etwas anderes (das Gesetz des Sollens), das durch ihn spricht. Seine Argumentation ist, mit anderen Worten, so konstruiert, dass sie die Implikationen des Sprechenden verbirgt und das Gebot, das er formuliert *(du sollst* oder *du sollst nicht)*, von einer außenstehenden Autorität ableitet. Wieso muss sich diese moralisierende Haltung immer auf etwas anderes berufen? Ganz einfach, weil die Worte des Sprechenden nicht ausreichen, das von ihm Geforderte als wahre Pflicht zu postulieren. Der Moralisierende hat nicht die entsprechende Autorität, weil er in Wirklichkeit in genau diesem Moment in den Augen seines Gesprächspartners der Idiot ist.

Abgesehen davon richten sich diese Worte an einen Empfänger, der sich ebenfalls zu zwei Einheiten verdoppelt. In jenen Menschen, der tatsächlich idiotisch gehandelt hat, und in das imaginäre Bild des Menschen, der zu sein der Idiot gescheitert ist.

Diese Analyse ermöglicht es, eine Konstellation imaginärer Projektionen sichtbar zu machen, bei der der Sprechende einen Schatten wirft, der nur seine Verdoppelung zu sein scheint (ein konzeptionelles Gespenst, das vermeintlich durch seinen Mund spricht) und zu einem anderen Schatten spricht (nämlich zu dem Menschen, der sein Gesprächspartner nie gewesen ist). Wie zwei Menschen, die nebeneinander vor einem Spiegel stehen: Der Mensch, der ich nicht bin, spricht mit dem, der du nie gewesen bist.

Aber Achtung! Die Tatsache, dass Moral eine Projektion von einem selbst – von einem *idealen Selbst* – auf einen anderen voraussetzt, scheint mir nicht problematisch. Ich teile nämlich Ihre Meinung, dass es der Menschheit deutlich besser ginge, setzte sie sich nur aus Personen wie Ihnen, liebe Leserinnen und Leser, zusammen. Davon bin ich wirklich überzeugt! Aber gleichzeitig halte ich es für notwendig, den Ihrer impliziten Moralpredigt zugrundliegenden Trick zu erkennen, eine doppelte Verneinung. Erstens: Wenn Sie einem oder einer anderen erklären, was seine oder ihre Pflichten sind, dann denken und sprechen Sie so, als wären es nicht Sie, der oder die denkt und spricht. Sie berufen sich auf ein unbedingt gültiges Gesetz, obwohl der Gedanke natürlich absurd ist, dass ein menschliches Wesen eine Wahrheit formulieren könnte, ohne zuvor die Bedingungen ihrer Gültigkeit zu präzisieren. Zweitens beurteilen Sie das Handeln der Idiotin oder des Idioten so, als wären sie bereits keine Idioten mehr. Sie setzen also als gegeben voraus, was Sie eigentlich erst bewirken wollen, nämlich die Verwandlung einer Ausgeburt zu einem menschlichen Wesen.

Eigentlich ist es ganz einfach. Die zweifache Verschiebung, auf die ich hingewiesen habe – ein Sprechender (ich), der sagt, dass er nicht spricht, über ein Objekt (du), das nicht das ist, was es ist –, beschreibt es eindeutig. Sobald Sie eine moralische Haltung einnehmen, ist es einerlei, ob Sie Beschimpfungen ausstoßen oder eine Predigt halten: Sie versuchen, etwas zu sagen, das Ihnen zu sagen nicht gelingt, das Sie nicht sagen können und das Sie deshalb in einer furchtbar verwirrenden, generalisierenden und sogar absurden Form ausdrücken, und nur gediegene Erfahrung in informeller Logik könnte dabei helfen, etwas davon zu begreifen. Man muss also nicht mehr verstehen als: Wer anderen moralisch kommt, demonstriert damit wahrhaftig und ganz persönlich seine Ohnmacht. Wer sich auf das Absolute und auf die gesamte Menschheit beruft, ist nur unfähig, aus sich heraus in einer für sich selbst und seinen Gesprächspartner befriedigenden Weise auszudrücken, was er sagen will.

Der moralisierende Diskurs, die Moralpredigt, ist in Wahrheit die Kennmelodie der großen Panik, von der wir uns befreien wollen. Ich sage Melodie, weil die Worte des Liedes fast zur Gänze sinnentleert sind. Im Angesicht der Nattern und Asseln ist Ihr Leiden so intensiv, dass Ihre Ausdruckskraft sich spaltet, sich zusammenzieht und sich ins Absurde wendet: *Ich sage nicht, was ich sage*, was man als extravagante Form deuten könnte zu sagen: *Ich kenne mich nicht mehr aus, du Vollidiot, hab Erbarmen!*

Indem jede Moralpredigt auf einer Haltung beruht, die einen verschlossen, stumm und sprachlos macht, ist sie nichts als ein simpler Hilferuf. Wie absurd! Sie rufen ausgerechnet Ihren Gegner zu Hilfe! Indem Sie Ihre eigenen Ausdrucksmöglichkeiten sabotieren! In was für einen Albtraum sind Sie da hineingeraten? Ich flehe euch an, Freunde: Wacht auf!

5.
Hören Sie auf zu moralisieren.
Hören Sie auf zu urteilen! Sofort!

WIE MORALISCHE AUTORITÄTEN MITEINANDER IN KONFLIKT GERATEN

Telefonhotlines mit ihren vorgefertigten Sätzen führen uns die eigene Ohnmacht mit unfassbarer Deutlichkeit vor Augen. Nach einer langen und durch wiederholte Aufforderungen – »Drücken Sie die Null«, »Drücken Sie die Eins«, »Drücken Sie die Eins«, »Drücken Sie die Eins« – begleiteten Wartezeit stoßen Sie auf prekär Beschäftigte am anderen Ende der Leitung, die – ob aus mangelnder Ausbildung oder aus tatsächlicher Unfähigkeit – von Ihren Fragen völlig überfordert sind. Ihre Demütigung durch die Umstände (ein ständiger Begleiter Ihres Lebens, den man schlicht Realität nennt) fällt auf sich selbst zurück – sie wird zur Wut über die eigene Machtlosigkeit, letztlich eine Form von Scham. Unterdessen versucht Ihr Gesprächspartner, Ihnen eine Dienstleistung oder ein Sonderangebot anzudrehen, und Sie fühlen das aufrichtige Bedürfnis, ihn zu erwürgen.

Ihr Gesprächspartner hat Sie in Ihrer gemeinsamen Machtlosigkeit an der Gurgel gepackt, wie ein Hund oder ein Fuchs, die versuchen, ihre Tollwut weiterzugeben. Die Telekomunternehmen werfen uns also mit einer Grausamkeit, die sonst niemand übers Herz bringen würde, auf genau das Phänomen zurück, das sie angeblich zu überwinden helfen: die Kommunikationsunfähigkeit. Wie die meisten Kommunikationsbemühungen sind diese »Kundendienste« *weniger* dafür geschaffen, Ihre Probleme zu lösen, als sie bis zur nächsten Rechnung zu ersticken.

Hier studieren wir den Autoritätskonflikt, in den uns die Idioten stürzen, und wie wir ihn abmildern können.

Durch ihren Starrsinn haben uns die Idioten bei den Grundprinzipien der Moralphilosophie zum Stolpern gebracht. Aber keine Angst: Einer der Beweise dafür, dass Sie kein Idiot und keine Idiotin sind, ist, dass Sie am Nachdenken Freude haben. Selbst wenn unser Weg also herausfordernder wird und Ihre Stirn in Falten wirft, bin ich zuversichtlich, dass Sie das, was in der Philosophie als Vergnügen gilt, mitmachen werden, vor allem, Ihre eigenen konzeptionellen Verteidigungslinien anzugreifen, in ihre Breschen vorzudringen und so neue Horizonte zu erschließen.

Betrachten Sie also folgende (meiner Ansicht nach noch unbewiesene) Hypothese: Unsere Angewohnheit, Idioten, explizit oder nicht, moralisch zu kommen, ist nichts als die Hymne unserer eigenen Machtlosigkeit. Im weiteren Sinne wäre der an sie adressierte Begriff der moralischen Pflicht nichts anderes als die Projektion unserer Unfähigkeit, uns selbst in der verblüffenden Schwachsinnigkeit zu erkennen, die sie wie ein Banner vor sich hertragen. Auf einen Nenner gebracht: In jeder Moralpredigt schwingt der unausgesprochene Grundsatz mit:

Es gelingt mir nicht, dich dazu zu bringen, so zu handeln, wie ich es will, also sage ich dir, dass es deine Pflicht ist.

Sie werden vermutlich einwenden, ich solle die Moral nicht schlechtmachen. Moralische Prinzipien ermöglichen unser Zusammenleben und wir würden nirgendwo hinkommen, wenn wir nicht einige Werte außer Streit stellen würden. Oder umgekehrt könnten Sie vorbringen, dass wir sofort diese unnötigen und blinden Schuldzuweisungen bleiben lassen sollten, weil das zu nichts führt, wenn wir zulassen, dass Normen unsere Spontaneität und Innovationskraft bremsen. Aber Ihr Moralempfinden ist für meine Argumentation völlig irrelevant, weil ich noch nicht auf die Prinzipien der Moral selbst eingehe; mir geht es um die Interaktion, in der ein menschliches Wesen (und sei es implizit) eine bestimmte *moralisierende Haltung* gegenüber einem anderen menschlichen Wesen einnimmt – etwas, was jeder Familienvater, jede wahre Freundin, aber auch jeder Depp, zu Recht oder zu Unrecht, tut.

In diesem Kontext erscheint der Begriff der Pflicht, also des Sollens, als ein linguistischer Operator, der mangels anderer Motive zum Handeln drängt, indem er die Beziehung zwischen den Gesprächspartnern verbirgt, die Akteure der Situation verschleiert und keinen Raum für die jeweiligen Wünsche der beiden Seiten lässt – was der Interaktion jede Chance auf einen produktiven Ausgang nimmt.

Es ist nicht ausgeschlossen, dass diese Haltung eine vernünftige Grundlage hat, aber im Augenblick möchte ich zeigen, dass sie vor allem ineffizient ist. Lesen Sie diese Formulierung also noch einmal, als hätte sie ein Idiot an Sie gerichtet:

So kann es nicht weitergehen, nicht weil ich dir das sage, sondern weil etwas Größeres als ich es dir sagt.

Damit können Sie überhaupt nichts anfangen. Wie wenn Sie den Lügen eines Mythomanen zuhören, lassen Sie den Moralprediger einfach reden; Sie gestehen ihm nicht ein Körnchen Wahrheit zu. Die Moralpredigt ist also eine unzureichende Antwort auf ein reales Problem. Das Problem besteht darin, dass beide Gesprächspartner das Vertrauen in den jeweils anderen, also in dessen Fähigkeit, etwas Wahres oder Nachvollziehbares zu formulieren, verloren haben. Das ist der springende Punkt: Die Idioten haben, weil sie Idioten sind, den Ast, auf dem die Sprache sitzt, abgesägt. Genauer gesagt, etwas in der zwischenmenschlichen Interaktion hat sich verriegelt, und dieser Riegel verunmöglicht das soziale Spiel und setzt die elementaren Regeln des einfachsten sprachlichen Austauschs außer Kraft.

Der moralisierende Diskurs führt Sie, fürs Erste, an diesem Problem vorbei. Er behauptet, was Sie sagen, hänge nicht von Ihnen ab, der Idiot könne es also akzeptieren, auch wenn er kein Vertrauen in die sprechende Person, also in Sie, habe. Es gebe ein moralisches Gesetz, ein Gesetz, das nicht Sie erfunden hätten, und dieses Gesetz verbiete dieses oder jenes Verhalten. Genau gesehen ist die Art, wie die moralisierende Haltung die Absicht des Sprechenden maskiert, ganz schön raffiniert: Denn diese Verschleierung ist unvermeidlich, wenn man die Kommunikation zwischen zwei Menschen wiederherstellen möchte, die einander nicht mehr verstehen wollen.

Warum funktioniert das dann so schlecht? Weil die moralische Autorität völlig hypothetisch bleibt; sie ist bloß der Schatten dessen, was verloren gegangen ist: das wechselseitige Vertrauen der Gesprächspartner. Deshalb ist diese Art der Autorität nutzlos. Die Idioten interessiert nicht, womit Sie sie argumentativ zu überzeugen versuchen – und was sie, nebenbei bemerkt, ohnehin nicht verstehen. Die Vertrauenskrise wandelt sich solcherart zu einem Autoritätskonflikt, und dieser Autoritätskonflikt zu einem Deutungskonflikt. Ihre Moralpredigt hat also im Gewand der Tugend und der Erhabenheit nicht mehr bewirkt, als das Problem auf ein anderes Feld zu verlagern, ohne der Lösung auch nur näher zu kommen.

Wenn Ihr Gesprächspartner der Sprache mächtig ist (was leider bei den meisten Idioten der Fall ist), dann wird er oder sie Ihnen dieselbe Gunst erweisen und Ihnen mit einer eigenen Moralpredigt antworten. Und selbst wenn Sie anerkennen, dass es einen Unterschied zwischen Gut und Schlecht gibt, und davon ausgehen, dass es einen wünschenswerten Weg gibt, menschliches Verhalten zu regeln – wie kommen Sie dazu, dass so ein Vollidiot Ihnen eine Morallektion erteilt, da er die Moral doch offensichtlich mit Füßen tritt?

Aber es kommt noch schlimmer. Echte Arschlöcher – solche, die nie Ihre Freunde sein werden – greifen auf ein Wertesystem zurück, das sich von Ihrem unterscheidet und demzufolge das Verhalten, das Sie für unmöglich halten, völlig in Ordnung ist, während umgekehrt *Ihr* Verhalten als absolut jenseitig angesehen wird. Das ist die bitterste, die abgründigste und die unerträglichste all der Wahrheiten, die dieses Buch zutage bringt: Menschen sind nicht immer irrtümlich, zufällig, durch einen Mangel oder einen Überschuss, aufgrund der Umstände oder gegen ihren Willen Idioten: Manche sind *systematisch idiotisch.*

Es schmerzt mich, dass das Schicksal mich auserwählt hat, diese Wahrheit aufzudecken, aber da wir alle unter ihr leiden, warum sehen wir ihr nicht ins Auge. Was wir im Allgemeinen die *Andersartigkeit* nennen, weist nicht nur auf die physischen, sprachlichen und kulturellen Unterschiede hin, die die Menschheit bereichern. Andersartigkeit bedeutet auch, dass es in allen Gesellschaften und allen gesellschaftlichen Schichten Menschen gibt – nicht nur isolierte Einzelgänger, sondern Menschen mit

Freunden, die ihre Meinung teilen –, die sich nicht um Kohärenz scheren. Statt ein Wertesystem zu haben, das sich von dem Ihren unterscheidet, was an sich ja interessant wäre, erklären sie es zum Wert, auf jede Logik zu verzichten, also völlig inkohärent zu sein. Diese Menschen nenne ich *systematische Idioten.* Wenn Sie an deren Existenz zweifeln (was ich bis vor Kurzem selbst getan hätte), kann ich Ihnen jemanden vorstellen, der weder dumm noch verrückt ist, nicht einmal bösartig, sondern in seinem Beruf sogar brillant (die echten Arschlöcher sind selten dumm). Dieses Prachtstück – das reinste Exemplar, dem ich je begegnet bin – *will nicht* verstehen, obwohl es das könnte, anders gesagt, es *beharrt tapfer* auf seiner eigenen Dummheit.

Die große Schwierigkeit, auf die der an einen beliebigen Idioten gerichtete moralisierende Diskurs stößt, besteht darin, dass ein solcher eine minimale gemeinsame Grundlage voraussetzt, von der ausgehend sich unser jeweiliges Verhalten diskutieren und beurteilen ließe. Aber anders als Kinder und ganz allgemein Menschen, mit denen wir affektiv verbunden sind, haben Idiotinnen und Idioten überhaupt keinen Grund, unser Wertesystem zu akzeptieren oder sich auch nur die Mühe zu machen, es zu verstehen, um es infrage zu stellen. Mit jemandem, der selbst die Vorstellung, gemeinsame Regeln zu entwickeln, ablehnt, ist kein wechselseitiges Verständnis möglich. Und das stürzt alle in einen Zustand großer Ohnmacht.

Warum wollen Idioten und Idiotinnen nicht verhandeln? Weil sie Ihnen nicht die geringste Autorität zugestehen. Aber warum, werden Sie mich fragen, weigern sie sich sogar, sich gemeinsam mit uns, als Ebenbürtige, der höheren Autorität der Vernunft zu unterwerfen?

Ich sehe, dass Sie es nicht verstanden haben. Die Idioten mögen Sie nicht. Es ist nicht nur mangelnder Respekt, sie wollen Ihre Existenz an sich nicht zur Kenntnis nehmen. Sie *berück-*

sichtigen Sie nicht. Am liebsten möchten sie so tun, als existierten Sie nicht, oder genauer gesagt, als wäre Ihre Existenz und alles, was sie impliziert – Wünsche, Gedanken, Hoffnungen, Ängste, besorgte Fragen und unterdrückte Zärtlichkeiten –, diese ganze Welt von Emotionen, von Zeichen und Bildern, die sich hinter Ihrer äußeren Erscheinung verbergen, für sie bedeutungslos. In ihren Augen sind Sie null und nichtig. Diese Haltung ist derart dumm, so zutiefst beleidigend, dass es einen sprachlos macht, aber Sie werden ein für alle Mal akzeptieren müssen, dass es sie gibt. Die Mit-Menschlichkeit zwischen Ihnen, ich würde sogar so weit gehen zu sagen, die Co-Existenz, ist gerade zusammengebrochen. Ich habe diese Erfahrung genau hier, in meinem eigenen Haus, machen müssen, wodurch sich, ohne Übertreibung, direkt vor meinen Augen der schwindelerregendste Abgrund aufgetan hat.

Diese Katastrophe reißt alle Bemühungen, auch nur den Anschein eines Dialogs zu erwecken, mit in die Tiefe, weil jedes Vertrauen zwischen dem Idioten und Ihnen, ja jedwedes gemeinsame Bestreben verloren ist. Es gibt also keinen Grund mehr zu verhandeln, da keine Vermittlung zwischen den Welten mehr möglich ist. Deshalb gerät die Autorität (der Vernunft, der Moral, Gottes oder irgendeines anderen Absoluten) hier mit sich selbst in Konflikt: Sie mag ein verzweifelter Versuch sein, eine *Umkehr* zu bewirken, bricht jedoch mittendrin zusammen. Wenn Sie einer Idiotin oder einem Idioten eine Moralpredigt halten, dann sprechen Sie in einem Dialekt, den er oder sie nicht versteht. Die Einschränkungen und Doppeldeutigkeiten der Sprache führen selbst zwischen Wohlmeinenden ständig zu Missverständnissen, aber im Moment des Dramas wird die Nichtmitteilbarkeit zu einem Abgrund erschreckenden Ausmaßes.

Und das ist leider noch nicht alles. Unsere Interaktionen

sind ja nicht nur sprachlicher Natur. Sie umfassen eine ganze Palette von sinnlichen Eindrücken (Tonfall, Gestik, Mimik, Körperhaltung und äußere Erscheinung, aber auch Bauchgefühl und das Echo vergangener Erfahrungen usw.), die jeder unterschiedlich, mitunter sogar entgegengesetzt oder widersprüchlich interpretiert. Dieses übergeordnete Zeichensystem macht es somit unkontrollierbar und unmöglich vorherzusagen, welche Richtung Menschen einschlagen, wenn sie einmal das Gefühl der Mit-Menschlichkeit verloren haben. Ich zittere, während ich das schreibe: Es gibt nichts, was ein Idiot oder eine Idiotin in dieser Situation nicht zu tun imstande wäre.

Es scheint mir nützlich, daran zu erinnern, dass die pathologischen Interaktionen, die das wechselseitige Verständnis vernichten, also das Vertrauen in andere Menschen und die Anerkennung von deren Autorität, sich nicht auf symbolische Missverständnisse reduzieren lassen. Auf zwischenmenschlicher Ebene wirken für uns auf nicht fassbare Art und Weise tiefe Affinitäten und Feindseligkeiten (die man spirituell, chemisch, pheromonell oder sonst wie nennen könnte), was bedeutet, dass da etwas an Ihnen ist, das die Idioten *nicht ertragen*, etwas, das ihnen unangenehm ist, von dem sie sich vielleicht sogar bedroht fühlen, bevor Sie noch einen Finger gerührt oder eine Silbe gesprochen haben. Und das beruht meist auf Gegenseitigkeit.

Selbst wenn Ihnen meine Stimme nicht angenehm sein sollte oder ich die Art nicht mag, wie Sie sich kratzen, werden wir trotzdem in der Lage sein, einander zuzuhören. Mit Arschlöchern ist das anders. Vergleichbar mit dem Wechselspiel von Flut und Ebbe wird der Idiot mit aller Macht versuchen, Ihnen sein Pseudosystem aufzudrängen, indem er Ihres zerstört; und weil das die Sprache ist (wenn man es denn eine nennen will), die er spricht oder zischt oder bellt, provoziert er Sie, irritiert

Sie und bringt Sie mit allen Mitteln aus der Fassung – wenn er nicht überhaupt endlose Tiraden hält, in denen er Ihnen den Sinn des Lebens erklärt.

Wir müssen also zur Kenntnis nehmen: Wenn es einen Konflikt zwischen den Autoritäten gibt, dann weil die Empathie verloren gegangen ist und mit ihr die Möglichkeit, sie wieder herzustellen. In dieser katastrophalen Interaktion ist unsere Mit-Menschlichkeit untergegangen. Redet der Idiot immer noch auf Sie ein? An dem Punkt, an dem wir jetzt stehen, könnte es sich lohnen, ihm zuzuhören.

6.
Hören Sie mit den Wortspielereien auf. Idioten wollen nicht verstehen.

WIE HÖRT MAN EINEM IDIOTEN ZU?

Das stimmt nicht!
Wie, das stimmt nicht?
Ich sag dir, dass es nicht stimmt! Es ist nicht wahr!

(umgekehrte Haltung)

Ist ja nicht schlimm.

Hier lernen wir, wie man zuhört, also wie man einen Idioten zum Reden bringt und so Konflikte entschärft. Und auch, wie man darauf antwortet.

Wo stehen wir jetzt: Wenn ein Idiot in Ihrem Leben auftaucht, dann natürlich durch eine Aktion oder eine Meinungsäußerung, in der seine ganze Idiotie zum Vorschein kommt. Ihre gesamte Aufmerksamkeit konzentriert sich dann auf diese isolierte Begebenheit. Wenn Sie über das Erlebnis nachdenken (und in der Regel denken Sie *ein wenig zu viel* darüber nach), werden all Ihre menschlichen Attribute – Ihr Herz, Ihr Geist, Ihr Verstand, Ihr Magen und Ihre Haut, deren Härchen sich aufgestellt haben – Ihnen sagen, dass kein menschliches Wesen so etwas *hätte tun dürfen*, jedenfalls nicht in der Situation, die Sie beschäftigt. Gleichzeitig fühlen Sie eine innere Bestätigung der moralischen Werte, die Sie gerne teilen würden. Ihre (implizite oder explizite) Moralpredigt ist also ein Appell, diese Werte als Kriterien anzuerkennen. Näher betrachtet ist dieser Appell aber eine Ohnmachtsklage, denn Sie setzen damit (ohne es zu merken) auf genau jene

Werte, die durch die Aktion des Idioten verloren gegangen sind. Natürlich könnten wir uns darauf verständigen, dass die Moralpredigt die Aufmerksamkeit des Idioten oder der Idiotin darauf orientieren soll, *hinkünftig* achtsamer zu handeln und im Bewusstsein der moralischen, politischen, wirtschaftlichen, ökologischen und so weiter Konsequenzen seines oder ihres Handelns. Aber es gibt viele andere Wege, andere dazu zu bewegen, etwas Bestimmtes *zu tun* oder *zu lassen.*

Diese Überlegung sollte Sie dazu animieren, bei der Begegnung mit einem Idioten auf die moralisierende Strategie zu verzichten, ich werde noch darauf zurückkommen. Zunächst möchte ich festhalten, wie sie Ihnen ermöglicht, gelassen zu reagieren, wenn jemand Ihnen eine Moralpredigt hält. Denn die häufigste, natürlichste und am wenigsten Erfolg versprechende Reaktion ist es, die *Schuld* zu leugnen, die man Ihnen einzureden versucht. Denn Arschlöcher lieben es, anderen Schuld zuzuweisen. Indem Sie versuchen, sich zu verteidigen, unterläuft Ihnen eine so große Zahl von Fehlern, dass ich sie hier nicht einmal anführen möchte. Aber eines steht fest: Während Sie Ihre Selbstrechtfertigung vor sich hin stammeln, wissen Sie nicht einmal mehr, auf wessen Wertesystem Sie sich beziehen – auf Ihr eigenes oder auf das des Idioten. Ich könnte zeigen, dass Sie in beiden Fällen auf dem Holzweg sind. Um es abzukürzen, bitte ich Sie nur: *Hören Sie auf!* Sie passen sich an das System an, das man Ihnen aufzuzwingen versucht (oder Sie tun zumindest so), dabei haben die Idioten in Wirklichkeit *gar kein System* – sie pfeifen auf jede Kohärenz. Also rechtfertigen Sie sich nicht: Es ist demütigend, sinnlos und sogar gefährlich (denn wie sollen Sie dem Idioten jemals verzeihen, dass er Sie dazu gezwungen hat, sich zu rechtfertigen?). Selbst wenn man in Ihrem Versuch ein Körnchen Großzügigkeit erkennen könnte, Sie sollten lernen, *dem Idioten die Kompetenz abzusprechen, über Sie zu urteilen*, das wäre entscheidend. Ohne auf dem Urteil des Idioten herumzutrampeln, finden Sie da nie heraus.

Sie sollten lieber erkennen, dass die Person, die Ihnen eine Moralpredigt hält, damit in Wirklichkeit vor allem über ihre eigene Machtlosigkeit jammert. Der Idiot möchte, dass Sie seine Fähigkeit, Vertrauen zu erwecken, genau in dem Moment anerkennen, wo er diese Fähigkeit verloren hat (das haben Sie übrigens alle beide, seit die Interaktion aus dem Ruder gelaufen ist). Seine Argumentation ist das reinste Klagelied. Um es richtig zu verstehen, streichen Sie einmal alle Vorschriften (es liegt allein an Ihnen, die Autorität dieser Belehrungen anzuerkennen oder nicht, das kann Ihnen niemand aufzwingen) und alle Schuldzuweisungen (denn die sind nur die Art, wie der Moralprediger seine eigene Scham auf Sie abwälzen will) und nehmen Sie seine Klage an – ja, nehmen Sie sie an als Zeugnis eines Leidens, das nur anerkannt werden will.

Auf völlig verdrehte Art sagt der Moralprediger nämlich »Tu mir nicht weh«, wenn er meint, »Es tut weh«. Also gut. Gehen Sie nicht in die Falle und antworten Sie nicht, dass es nicht Ihre Schuld sei, sondern seine eigene. Lassen Sie den Verweis auf ein *Sollen*, eine vermeintliche Pflicht, einfach weg, und hören Sie seiner Klage zu. Wenn Sie dieser Analyse von Beginn an gefolgt sind, dann wissen Sie, dass das Ziel jeder Moralpredigt *immer* die Anerkennung ist. Während Sie vielleicht gedacht haben, es gehe darum, den begangenen Fehler einzugestehen (was ja das Prinzip von Scham und Reue ist), stellt sich heraus, dass es viel wichtiger ist, das *Motiv des Sprechens* und umgekehrt das *Motiv zum Handeln* zu erkennen, als darüber zu diskutieren, *wessen Schuld* es war.

Wenn wir diesem Faden folgen, kann es gelingen, der Enttäuschung des universalisierenden Diskurses zu entgehen, der einem Großteil unserer Konflikte mit Idioten zugrunde liegt.

Moralpredigten sind eine Flucht ins Allgemeine (also eine Abstraktion), die in direktem Zusammenhang mit dem Scheitern der Interaktion steht. Wie ich bereits gezeigt habe, stellt diese Strategie nichts von dem wieder her, was verloren gegangen ist, denn statt den anderen zu überzeugen, lässt sie die Diskussion im Strudel des verlorenen Vertrauens untergehen. Deshalb verlangt der Moralprediger von seinen Zuhörern die Anerkennung einer Autorität – um das Vertrauen wiederherzustellen. Da er aber die Person, der man vertrauen soll (keinen anderen als: sich selbst), verbirgt, wird ihm das nur schwer gelingen. Und wenn er auf einen Vollidioten trifft, hat er überhaupt keine Chance.

Man kann den Teufelskreis des Moralisierens, das um ein für immer verlorenes Vertrauen kreist, nur durchbrechen, wenn man die Moralpredigt als den Trauergesang begreift, den das Scheitern der Interaktion hervorgerufen hat.

Gelingt es Ihnen also, dieses Flehen um Anerkennung wahrzunehmen, das jeder Moralpredigt zugrunde liegt, befreien Sie sich vom Einfluss der falschen Autorität des Predigers, die doch bloß ein Diskurs der Machtlosigkeit ist. Vom reinen Standpunkt des Diskurses aus betrachtet hieße das, dass nicht so sehr Werturteile (in der Art von »Sokrates ist ein Idiot«) unsere Konflikte mit Spinnern, Blödmännern und Trollen lösen werden, sondern vielmehr *Erzählungen*, in denen die Entstehung der Vorstellungen und Hoffnungen aufbereitet wird. Wir haben damit die Art von Diskurs gefunden, mit dem es gelingen kann, die Emotionen – die der Idioten und Idiotinnen ebenso wie Ihre eigenen – zu besänftigen: Es geht im Grunde um Erzählungen. Nur eine Erzählung kann den Konflikt entschärfen. Die Erzählung ermöglicht das Zutagetreten der Wahrheit beim Aufeinandertreffen unterschiedlicher Ansichten, weil sie weder ein vollständiges Einvernehmen voraussetzt (wie das für einen konzeptuellen Diskurs nötig wäre) noch absolute Genauigkeit oder Gewissheit.

Übrigens gehört das absolute Privileg des Geschichtenerzählens in zwischenmenschlichen Beziehungen zu den schönsten Dingen der Welt. Wenn Sie erst gelernt haben, das Leiden zu erkennen, es anzunehmen und seine Artikulation zu ermutigen, werden Sie die Erfahrung machen: Die Moralpredigten, die man Ihnen hält, werden ihre größte Macht verlieren (Ihnen auf die Nerven zu gehen), der Tonfall der Menschen, die sie halten, wird sich nach und nach von einer Anklage zu einem Bekenntnis wandeln, das Erleichterung bringt. Auch wenn der Idiot recht haben will, wird er Sie kaum anlügen. Er wird ehrlich zu Ihnen sein, um Ihnen zu zeigen, dass er im Recht ist. So von sich zu erzählen, ist mehr als Kommunikation, es ist eine im tiefsten Sinn *gemeinsame Erfahrung*.

Eine einfache intellektuelle Wende, die Licht ins Dunkel brächte und das Verhalten und die Absonderungen der Idioten erklären würde, wird also das, was ich *Feuerwerk* genannt habe – etwas, das eine so starke Emotion in uns auslöst, dass unser Denken aussetzt –, nicht lösen können, auch wenn Philosophinnen und Philosophen dazu neigen, das zu glauben. Das Feuerwerk, das der menschliche Stumpfsinn bei uns auslöst, kann man nur überwinden, wenn man die Konzeptualisierung (also das Urteilen) ein für alle Mal *sein lässt* und voll und ganz auf die Macht des Erzählens vertraut. So ist es nämlich nicht mehr nötig, mit der Version der Fakten übereinzustimmen, die der Idiot oder die Idiotin präsentiert, Sie müssen nicht einmal alles verstehen, was er oder sie zu Ihnen sagt. So wie in der Musik die Melodie einen narrativen Faden hat, ohne dass es irgendwas zu verstehen gibt. Was Sie sich also merken sollten: Wo immer Sie mit einem Idioten oder einer Idiotin konfrontiert sind, vergessen Sie jede klassische Kommunikation (vor allem jede konzeptuelle Kommunikation). Erfolgversprechender wäre es, ihnen einen Beichtstuhl bereitzustellen. Idioten sind nun einmal Leidende! Und auch wenn sie nicht Ihre Sprache sprechen, lassen Sie sie doch sagen, wo der Schuh drückt. Mag schon sein, dass das ein wenig abstoßend ist, sterbenslangweilig und Sie überhaupt keine Lust haben, einem Dummkopf zu helfen. Aber es verlangt ja niemand von Ihnen, dass Sie seine Probleme lösen, nicht einmal er selbst. Und indem Sie seiner Klage zuhören, ihn ermutigen, Ihnen zu erzählen, was er erzählen will, kommen Sie Ihrem eigenen Anspruch näher: ein wenig Vertrauen wiederherzustellen und Ihr eigenes Leben etwas leichter zu machen.

Sie werden womöglich einwerfen, die Idioten seien nun, nachdem sie uns dazu gebracht haben, unsere Moralvorstellungen zu relativieren, drauf und dran, uns dazu zu bringen, auch die Wahrheit aufzugeben. Die Idioten ihre Geschichte erzählen lassen, okay … aber zu welchem Preis? Das ist ein wahrhaft philosophischer Einwurf! Denn noch einmal, dieser Einwand interpretiert die Wahrheit in der Begrifflichkeit von Feststellungen (in der Art von: »Susanne ist eine Idiotin« oder »Sokrates ist kein Idiot«) und Sie gehen davon aus, dass diese Feststellungen entweder falsch oder richtig sein müssen. Dieses Verständnis der Wahrheit basiert auf dem Satz vom ausgeschlossen Dritten und ist zu unflexibel für die Sphäre des Moralischen (ganz abgesehen davon, dass die moderne Logik es längst überwunden hat). Um es kurz zu machen: Zwei Personen müssen nicht völlig übereinstimmen, um eine gemeinsame Wahrheit zu finden, denn die Wahrheit einer moralischen Situation entsteht aus der Überschneidung von Positionen. Um dieser Wahrheit näherzukommen, ist es notwendig, die Meinung auch noch der stumpfsinnigsten Idiotin oder des unaufrichtigsten Dummkopfes einzubeziehen und mit ihr oder ihm gemeinsam festzulegen, unter welchem Blickwinkel man sich auf Aspekte davon einigen kann. Diese Mühe des Einbeziehens nennt man auch Diplomatie und sie gehört zu den größten Herausforderungen unserer Zeit (vielleicht aller Zeiten, aber da war ich nicht dabei).

Um ein solches Einbeziehen geht es auch in unserem Verhältnis zu Emotionen. So kann man sagen, dass jedes Reden über ein Gefühl Erleichterung schafft, während jede Flucht ins Theoretische die Emotion verschlimmert. Durch die Mühe, uns dem Erzählen zu öffnen und zuzuhören, können wir es mit der Herausforderung aufnehmen, die unsere eigenen Emotionen und jene der Idioten uns stellen. Erzählen Sie auch Ihre Geschichte, Sie kommen nicht darum herum! Befreien Sie sich von Ihren Gefühlen. Aber gehen Sie nicht davon aus, dass die Idioten und Idiotinnen die Wahrhaftigkeit Ihrer Geschichte zur Kenntnis nehmen; diese Unterstützung müssen Sie bei jemand anderem finden, bei wohlmeinenden und vernünftigen Menschen. Sie wissen doch, dass Idioten auf die Wahrheit pfeifen, oder dass sie jedenfalls nicht nach ihr suchen. Solange Sie versuchen, den Idioten und Idiotinnen die Wahrheit auf theoretische Art aufzuzwingen, sind Sie selbst genau wie sie – muss ich Sie wirklich daran erinnern? Die große Herausforderung liegt nicht darin, Idioten klüger zu machen, sondern, viel bescheidener, sie daran zu hindern, *faktisch* Schaden anzurichten.

Der Rückgriff auf die Theorie ist nur in einer Ausnahme gerechtfertigt, und das ist die Philosophie. Und so wie das Erzählen nicht bloß das Handwerk der Schriftstellerinnen und Schriftsteller ist (ich habe es gerade dargelegt), sondern für zwischenmenschliche Interaktionen unverzichtbar, ist auch die Philosophie nicht vor allem eine akademische Disziplin. Indem Philosophie auf Konzeptualisierung beruht, bezeichnet sie den Prozess, der jedes Mal zustande kommt, wenn eine beliebige Emotion in Ihnen das Bedürfnis auslöst, sie zu verstehen, und dabei über die Grenzen der Worte hinausgeht und in abstrakten Konzepten mündet (so wie ich das gerade mache). Diese Manipulation der Emotion weg vom unmittelbaren Erlebnis bildet eine neue, eigenständige Erfahrung, eine wahrhafte Entdeckungsreise der dritten Art (weder auf der Ebene der Begebenheiten noch auf einer der Emotionen) durch Bewusstseinszustände. Der Himmel der Ideen, in dem wir uns bewegen, ist so gesehen bloß ein Spiegel unseres Innersten, das – subtil und raffiniert wie der beste Whisky – immer und immer wieder unter unseren zivilisierten Freunden geleert wird, bis keine Kehle mehr trocken bleibt.

7.
Teilen Sie Ihre Geschichten.
Ermutigen Sie andere, ihre eigenen zu erzählen.

WARUM WIR DEM STAAT VÖLLIG EGAL SIND

Bei Themen, die sie »politisch« oder »religiös« nennen, haben Idiotinnen und Idioten so unumstößliche Überzeugungen, dass es sie fiebrig macht. Jeden anderen machen feste Überzeugungen stark, ruhig und stabil. Idioten aber werden durch sie extrem zerbrechlich. Jede Nuance, jede geringste Unstimmigkeit lässt sie aufheulen, als hätte ihnen jemand die Nägel ausgerissen.

In so einem Fall ist die einfachste Lösung, den Ton abzustellen. Politik und Religion haben gemeinsam, dass sie *ausschließlich* praktische Konzepte sind: Ihre Taten zeigen, was für eine Art von Bürgerin oder Bürger Sie sind, und Ihre Taten zeigen auch, wie gläubig Sie sind. Wenn Sie den Ton einmal ausgeschaltet haben und die Taten als das nehmen, was sie sind, werden die unfassbaren Dummheiten, die Menschen in Zusammenhang mit »Gott« (ohne zu hinterfragen, wovon sie da sprechen) oder »den Mächtigen« (dito) von sich geben, so leicht wie unschuldige Kumuluswolken am blauen Himmel, unter dem Sie sich nach Lust und Laune frei bewegen können.

Hier lehrt uns die Reflexion über das Recht zwei unterschiedliche Arten, gegen die Dummheit von Institutionen anzukämpfen.

In den vorangegangenen Kapiteln habe ich Ideen vorgestellt, die gewissermaßen gegen den Strich gebürstet sind. An die moralische Pflicht im Alltag zu appellieren, zeugt demnach vor allem von einer Klage: der Klage über den Verlust des Vertrauens. Einander beim Erzählen zuzuhören ist der beste (wenn auch nicht der einzige) Weg, diesen Verlust zu überwinden.

Wenn ich meiner Erfahrung mit Studierenden der Philosophie trauen kann, dann teilt so eine Feststellung das Publikum normalerweise in zwei; die einen sind zufrieden damit und drehen und wenden den neuen Gedanken, um ihn von allen Seiten aus zu betrachten; die anderen – das sind meistens meine Lieblingsstudierenden – finden die Feststellung völlig willkürlich und auch unzureichend. So kommt man im Unterricht weiter, einerseits durch die mehr oder weniger gerechtfertigte Unterstützung jener, die sich meiner Meinung anschließen (und ohne die das Unterrichten unerträglich wäre), andererseits durch die mehr oder weniger gerechtfertigten Forderungen der anderen, die sich ihnen entgegenstellen.

In meiner Analyse habe ich das Moralpredigen als ein Ringen um Anerkennung definiert und dabei wohlweislich die Diskussion darüber ausgeklammert, ob die Idiotinnen und Idioten für ihre eigene Idiotie (also für ihr idiotisches Handeln) verantwortlich sind, und habe mich nicht um die Frage gekümmert, wer eigentlich mehr Berechtigung hat, sich auf die Autorität des moralischen Rechts zu berufen. Ich habe ganz im Gegenteil einen relativistischen Ansatz gewählt, denn ich wollte zeigen, dass einzelne *Situationen* es ermöglichen, bestimmte Probleme rund um den Sprachgebrauch zu isolieren und damit zu verstehen, wie man einer Moralpredigt richtig zuhört – und warum so ein moralisierender Diskurs so viel weniger effektiv ist als das Erzählen.

Ich möchte an dieser Stelle den Erwartungen jener Leserinnen und Leser gerecht werden, die ich nicht überzeugt habe, weil sie von Beginn an Situationen vor Augen hatten, in denen sie im Recht waren. Ich stimme Ihnen völlig zu, wenn Sie sich angesichts des Sadisten, der seine Untergebenen demütigt, oder der infantilen Tussi, die für nichts Verantwortung übernimmt, sagen – wie auch ich es tue –, dass Ihre Gegenwehr legitim ist, weil Sie eine Sache verteidigen, die es wert ist, für sie zu kämpfen. Es geht in diesem Fall nicht um ein Streben nach menschlicher Vollkommenheit, sondern einfach darum, ein Recht durchzusetzen, von dem Sie eine sehr genaue Vorstellung haben. Der Begriff des »Rechts« ist schnell zur Hand, dabei steht er für ein gewichtiges Konzept, oder, anders gesagt, für ein Feld, in dem es kaum Gewissheiten gibt.

Ich möchte Sie warnen, dass wir nun eine ziemlich massive Festung zu stürmen versuchen. Aber wenn Sie bis jetzt durchgehalten haben, dann werden Sie bemerkt haben, dass diese Überlegungen, auch wenn sie abstrakt sind – und ganz besonders, weil sie abstrakt sind –, es uns ermöglichen, unser Bewusstsein zu verfeinern und unser Verhalten zu verbessern.

Nehmen wir das als einen der Eckpunkte unserer Untersuchung – den Abschaum, den Widerling, dem gegenüber Sie *recht haben*. *Recht haben* ist aber keine Tatsache. Es ist eine Forderung. Wenn Sie glauben, dass es evident ist, dass Sie ebenso in der Warteschlange im Recht sind, wie dass Sie ein Zweibeiner sind, dann müssen Sie anerkennen, dass der menschliche Alltag auf genau dieser Grundlage abläuft und wir deshalb alle fast immer (beim Atmen, Husten, Idiotsein und so weiter) im Recht sind. Folglich werden Sie zustimmen, dass sich das ganze menschliche Leben – unmerklich – gewissermaßen unter einem Schirm des Rechthabens abspielt. Und Sie werden mir zustimmen, dass die einzigen interessanten Fälle die sind, in denen diese Gleichung von Fakten und Recht nicht aufgeht. Lassen Sie uns also festhalten, dass »im Recht sein« nicht meine Situation beschreibt, wenn ich in der Küche stehe und koche; es beschreibt den Zustand, den ich reklamiere, wenn ich meinen Mitbewohner (leider, leider!) bitte, nach seiner Party die Küche zu reinigen. Eine Aufforderung, die er wie die Rückkehr des Faschismus empfindet.

Es gibt drei Konstellationen, in denen es (auf jeweils sehr unterschiedliche Art) problematisch sein kann, sich im Recht zu fühlen.

1. Wenn der Anspruch sich auf ein noch gar nicht bestehendes Recht beruft, das besser zu den Umständen passen würde. Es wäre also notwendig, durch die Schaffung neuer Gesetze (oder anderer rechtlicher Normen) neue Rechte zu erhalten.

2. Wenn man jemanden auf bestehende und klar umrissene Gesetze hinweist, die er gerade nicht befolgt. Die Forderung stellt also eine Erinnerung an das Positive Recht dar.

3. Wenn man die Anerkennung einer moralischen Pflicht einfordert, die von keiner juristischen Norm jemals ausformuliert werden wird.

Idiotinnen und Schwachsinnige haben, wie Sie wissen, das unvergleichliche Talent, Lücken im System aufzuspüren. Nicht jeder oder jede von ihnen steht außerhalb des Rechts. Manche sind Opportunisten, die formal zwar dem Wortlaut des Gesetzes folgen, es aber verstehen, die Funktionsweise des Systems ebenso geschickt auszunutzen wie seine Schwachstellen und toten Winkel. Ich werde später noch auf die überangepassten Idioten und Idiotinnen zurückkommen. Beschäftigen wir uns für den Augenblick mit den drei Fällen, in denen Sie sich im Recht fühlen, während Sie das den anderen absprechen. Wir werden sehen, dass nicht der winzigste Teil des sozialen Raums vor dem Hohn der Idiotinnen und Idioten sicher ist. Sie mögen nicht wissen, wie und warum sie tun, was sie tun, aber das hält sie nicht davon ab, weiterzumachen. Lassen Sie uns, zu Ihrem Vergnügen und bei allem Respekt, mit den Idiotinnen und Idioten in der öffentlichen Verwaltung beginnen.

Warum mit den Beamten? Weil sie Gliedmaßen und Organe des Staates sind und weil der Staat über allen Institutionen steht, die durch das Positive Recht entstehen. Der Staat legt, in anderen Worten, ein Organisationsmodell fest, das auf festgeschriebenen Gesetzen beruht, die das Zusammenleben durch ein System von Normen und die Bereitstellung von Mitteln gestalten. Ohne mich weiter aufs Juristische einzulassen, möchte ich Sie auf Folgendes hinweisen: Weil unsere Art zu leben sich ständig weiterentwickelt, ist es strukturell unumgänglich, auch den Staat und die staatlichen Institutionen laufend zu reformieren. Mögen diese auch wie der Inbegriff von Stabilität und Kontinuität erscheinen, auch sie unterliegen einer Evolution, die allerdings unvermeidlich hinter der Veränderung von Sitten und Bräuchen, Anschauungen, Kunst und Kultur herhinkt.

Diese kurze Erinnerung sollte genügen, um eine ganze Reihe von Idiotien zu erklären. Liebe Freundinnen und Freunde, Institutionen funktionieren zwangsläufig *schlecht*, weil sie theoretisch *stabile* Einrichtungen sind, die einer sich *wandelnden* Realität Struktur geben sollen, weil sie *einheitliche* Normen schaffen sollen, die auf *vielfältige* Situationen anzuwenden sind; deshalb müssen Institutionen und die Gesetze, durch die sie geformt werden, ständig verbessert, reformiert oder verändert werden, um sie besser an die Lebensrealität der Menschen und ihre Beziehungen zum Nicht-Menschlichen (Tiere, Wälder, Maschinen und auch Geister, mathematische Operationen und so weiter) anzupassen. Weil der Staat und die internationalen Institutionen Dauerbaustellen sind und weil die Geschichte immer einige Längen Vorsprung auf sie hat, ist die Verwaltung heute noch genauso idiotisch wie in Hammurabis Babylon. Und sie wird es auch noch in zehntausend Jahren unter der Herrschaft des Hauses Targaryen sein, trotz aller Anpassungen, die Sie sich so sehnlich wünschen, ob die nun durchgeführt werden oder nicht. Das ist zwar kein Trost, aber in Zeiträumen von zwanzigtausend Jahren zu denken, hilft vielleicht dabei, etwas geduldiger zu sein, wenn man in der Warteschlange steht.

Deshalb sind nicht die Beamtinnen und Beamten, sondern die Institutionen als solche strukturell unfähig, weil sie nie an die konkreten Situationen angepasst sind. Das Phänomen wurde übrigens durch das bürokratische System verschlimmert. Es hat den Staatsbediensteten immer unwürdigere Aufgaben aufgebürdet und die Rahmenbedingungen untergraben, die es Mitarbeiterinnen und Mitarbeitern ermöglichen, ihre Arbeit als sinnvoll und befriedigend zu erleben. Das System zwingt ihnen eine Lebensform auf, die sie verschleißt, und fügt so der eigenen strukturellen Dysfunktion noch eine Schicht Nachlässigkeit hinzu. Das sollte uns daran erinnern, dass unsere Stimmungen und mentalen Operationen nicht in der Abgeschlossenheit unserer Gedanken stattfinden (ich habe bereits darauf hingewiesen), sondern dass sie Situationen und Beziehungen ausdrücken und verändern, die man nach unterschiedlichen Maßstäben studieren kann. Soziologen haben die Aufgabe, die gesellschaftlichen Umstände ans Licht zu bringen, die zu Idiotie führen. Meine Aufgabe ist es, konzeptionelle Vorgangsweisen zu formulieren, die jedermann in Situationen anwenden kann, in denen er oder sie das Vergnügen hat, mit einem Exemplar des Stumpfsinns konfrontiert zu sein.

Sie können sich also über die Idiotie der Verwaltung beschweren und darüber, dass wir dem Staat egal sind, weil das absolut zutreffend ist. Auch wenn es ständige Anpassungen der öffentlichen Verwaltung gibt, so sind ihre Institutionen, Ministerien und Ämter doch unweigerlich nicht ausreichend an die jeweilige Situation angepasst. Bürgerinnen und Bürger müssen daher permanent für die Wahrung ihrer Rechte kämpfen, insbesondere für die Anerkennung der Forderung einer Gesellschaft nach rechtlichen Rahmenbedingungen, die auf ihre Mitglieder abgestimmt sind, vor allem auf jene, die sich aktuell außerhalb des rechtlichen Rahmens bewegen. Gleichzeitig und aus denselben Gründen müssen die öffentlich Bediensteten fortwährend darum kämpfen, von dem laufenden Verfall des Staates nicht mitgerissen zu werden (wenn es nicht bereits zu spät für sie ist, wie im Falle einer Schuldirektorin, von dem ich weiß – aber lassen wir das).

Diese Beobachtungen erlauben uns, zwischen zwei gleichermaßen legitimen, aber sehr unterschiedlichen Reaktionen auf die Idiotie der öffentlichen Verwaltung zu differenzieren. Einerseits ist die *Auflehnung* gegen deren strukturelle Idiotie für die Demokratie unverzichtbar: Ohne das Engagement jedes oder jeder Einzelnen zur Lösung der gemeinsamen Probleme würden wir in eine De-facto-Tyrannei verfallen. Ehrlicherweise muss man feststellen, dass die wachsende Gleichgültigkeit und der tragische Rückzug vieler auf sich selbst uns schon teilweise dorthin geführt haben. Es ist also umso notwendiger, dass Sie sich weiter gegen die institutionelle Idiotie auflehnen und sich niemals damit abfinden.

Andererseits muss die politische Revolte mehr sein als die Stimme der Emotion, wenn sie nach gesetzlicher Umsetzung strebt. Zu einer *politischen Forderung* wird sie nur, wenn sie die Auseinandersetzung mit der Institution anstrebt. Ihre Protagonisten müssen also fähig und willens sein, mit ihren Gegnern zu arbeiten – sich konstruktiv mit echten Idioten, realen Dummköpfen, eben den Leuten, die Politik und öffentliche wie private Verwaltung dominieren, abzugeben. (Warum ausgerechnet die Idioten an den Schalthebeln der Macht sitzen, zeige ich später.) Da die politische Kunst darin besteht, unterschiedliche Kräfte zu bündeln, ohne dabei in Idiotie zu verfallen, können Sie davon ausgehen, dass sich die Politik ihr unweigerlich früher oder später ergeben wird, weil es schlichtweg unmöglich ist, *immer alle* Konflikte im Sinne *aller* zu lösen (ganz besonders, *aber das ist nur ein Teil des Problems,* wenn man im Interesse einiger weniger handelt).

Diese Gedanken werden Sie hoffentlich entschlossener und gleichzeitig geduldiger im Umgang mit den windschiefen Institutionen machen, die schon in der Antike die Menschen zur Verzweiflung gebracht haben und denen gegenüber, das kann ich Ihnen versichern, *Sie im Recht sind.* Eine Schwierigkeit besteht allerdings darin, die Formen des politischen Engagements festzulegen, mit denen Sie Ihre Ansprüche am zielgerichtetsten und effizientesten durchsetzen können. Tatsächlich bringen Bemühungen um eine Ausweitung der Gesetzmäßigkeit so viele Vorzüge, dass es schwer wäre, darauf zu verzichten. Ein Vorteil wäre, dass Menschen und Situationen, die sich bisher außerhalb des gesetzlichen Rahmens bewegten, was zu bestenfalls absurden, im schlimmsten Fall zu unmenschlichen Folgen führte, in die Logik des Rechts miteinbezogen und somit ebenfalls unter den Schutz des Staates gestellt werden. Leider hat die Ausweitung des rechtlichen Rahmens auch einen großen Nachteil; weil es aber derselbe ist wie im Fall Nummer 2 (der, in dem es entsprechende Gesetze, Verordnungen und gerichtliche Urteile bereits gibt), schlage ich vor, wir kümmern uns im nächsten Kapitel darum. Wenn Sie bis jetzt durchgehalten haben, dann merken Sie sich fürs Erste nur:

8.
Respektieren Sie Ihre Gegner, so wird Ihr Kampf politisch.

WARUM DIE BEDROHUNG EINE FORM DER UNTERWERFUNG IST

Eine der meistverbreiteten Formen der Idiotie in hierarchischen Organisationen besteht darin, von anderen oder sich selbst übergroßen Einsatz zu erwarten, ohne auch nur die Frage nach dem Ziel oder dem Nutzen zu stellen, die diesen Eifer rechtfertigen würden.

So raubt der Eifer – eine Form nahezu hysterischer Idiotie – der Arbeit jeden Sinn und nährt ihre Kehrseite, den trägen Schwachsinn derer, denen alles egal ist.

Hier lernen wir, dass der Ruf nach gesetzlichen Regelungen eine Form sein kann, andere zu bedrohen; und dass diese Bedrohung im Grunde die Sehnsucht nach Unterwerfung ausdrückt.

Um in der Konfrontation mit den Idioten unsere besten Waffen einsetzen zu können, müssen wir erst einen kleinen Umweg über die Rechtsphilosophie nehmen, der uns Klarheit über das Konzept der Autorität liefern kann. Eine Klarstellung, die wir nicht brauchen, um sie Idioten verständlich zu machen (diese Dummköpfe verstehen nichts, weil sie nicht verstehen wollen), sondern weil ein besseres Verständnis der eigenen Legitimität die Chance erhöht, über die Idioten zu triumphieren.

Unter den drei Konstellationen, in denen man meint, *im Recht zu sein,* hat die erste gezeigt, dass man als Bürgerin oder Bürger legitimerweise dafür Sorge tragen kann, dass eine reale Situation trotz des institutionellen Widerstands (von Regierungen, Verwaltung usw.) gesetzlich geregelt wird. Die Tatsache, dass Sie Teil der Gesellschaft sind, legitimiert Sie gegenüber den Institutionen nicht nur *im Namen aller*, sondern als *einer von diesen allen* zu handeln. Die Gesellschaft ist ständig mit der Dummheit der Institutionen konfrontiert, an denen sie laufend herumdoktert und die umgekehrt wiederum die Gesellschaft formen. Natürlich könnten Sie angesichts der Idiotie auch einfach gar nichts machen, aber das ist rational unvertretbar, weil Institutionen per definitionem nicht ordentlich funktionieren und Sie so gewissermaßen in die Ecke treiben.

Ich möchte mich dem zweiten Fall zuwenden, in dem Idioten bestehende Gesetze mit derselben Nonchalance missachten wie ihre Köter, die Ihnen vor die Füße scheißen. Vordergründig ist dieser Fall einfach. Denn wenn es ein Gesetz gibt, das ein bestimmtes Verhalten untersagt, dann gibt es auch Sanktionen für dessen Übertretung. Die Tatsache, dass Sie angesichts der Furie mit ihrem Köter, des Straßenräubers oder der Betrügerin, die Ihr Konto abgeräumt hat, denken, *ich bin im Recht*, bedeutet, dass Sie sich auf Verhaltensregeln berufen, die gesetzlich geregelt sind. Und der Unterschied zwischen einer beliebigen Regel und einem Gesetz ist, dass Letzteres sich auf Macht stützt.

Die Macht des Staates ist, zumindest theoretisch, nicht zu unterschätzen. Sie kann sich auf Ihre Brieftasche auswirken (Bußgelder) oder einen körperlichen Zwang ausüben (Gefängnis), und auch wenn das wie ein Nebeneffekt erscheinen mag, sie macht sowohl das Vergehen als auch seine Sanktionierung öffentlich. Das verschafft dem Opfer die Anerkennung seines Leides (eine der wichtigsten Funktionen der Justiz) und hilft dem Schuldigen dabei, seine Tat als das zu sehen, was sie ist (das ist die einzige Rechtfertigung für Strafe, die *keine* Rache ist). Die Ausweitung von gesetzlichen Regelungen birgt aber gravierende Risiken: Mit jedem zusätzlichen Gesetz steigen die Möglichkeiten des Staates, in Ihr persönliches Leben einzugreifen, und das ist keine gute Entwicklung, denn der Staat sollte nur ins Spiel kommen, wenn es gar nicht mehr anders geht. Außerdem würde diese Ausweitung Sie daran gewöhnen, sich auf das Gesetz zu berufen, also die Große-Keule-die-stärker-ist-als-du-du-mieser-Idiot zu schwingen, statt andere Wege der Konfliktlösung zu suchen – und das wäre, paradoxerweise, eine noch viel schlimmere Konsequenz.

Die Gesetze entwickeln sich aufgrund von Veränderungen der Gesellschaft, während sich die Gesellschaft aufgrund einer unendlichen Zahl von Faktoren (Technologie, Umwelt, Handel, Ideen, Kunst usw., *darunter auch Gesetze)* weiterentwickelt. Jedes Machtverhältnis schreibt sich also in ein sehr komplexes Netz von Aktionen und Reaktionen ein. Daher sind weniger die Polizistinnen und Beamten die Vertreter der Staatsmacht als die Bürgerinnen und Bürger selbst, wenn sie, ohne lang über Vor- und Nachteile nachzudenken, die Machtverhältnisse untereinander einer *Androhung von oben* unterstellen. Unglücklicherweise haben Menschen, die das Privileg haben, in einem Rechtsstaat zu leben, die Neigung, sich für alles eine gesetzliche Regelung zu wünschen. Diese Tendenz fördert das Eindringen des Staates in alle Lebensbereiche – und ein omnipräsenter Staat ist die Definition des Totalitarismus.

Der Versuch, mit Idioten und Idiotinnen fertig zu werden, hat uns also zu Sklaven gemacht, weil wir nicht ohne Instanzen auskommen, die die Spielregeln festlegen. Wenn es nicht der Staat ist, dann sind es die Märkte, die Netzwerke oder sonstige die zwischenmenschlichen Beziehungen organisierende Strukturen, die als Instanzen fungieren und die Normen des Diskurses und unseres Verhaltens vorgeben. Wenn aber für uns die Repräsentation der normierenden Macht die Grundlage jeden Handelns wird, dann haben wir, ganz ohne Diktator, selbst ein totalitäres System geschaffen.

Kann man daraus ableiten, dass man den Wirkungsbereich gesetzlicher Regelungen nicht ausweiten sollte? Nein, weil diese Ausweitung die Verbesserung der öffentlichen Institutionen und damit unserer Lebensbedingungen bestimmt. Aber um den Totalitarismus zu vermeiden, benötigt jede Ausweitung gesetzlicher Regelungen – gewissermaßen als Kompensation oder Begleitung – eine zusätzliche Stärkung der Autonomie jedes Bürgers und jeder Bürgerin; also die Fähigkeit, Probleme *unabhängig* von Gesetzen zu lösen, besser noch vor dem Appell an die öffentliche Ordnungsmacht. Der Motor des Totalitarismus ist nicht die Ausweitung gesetzlicher Regelungen an sich, sondern wie wir sie anderen gegenüber durchsetzen, indem wir sie befolgen.

Überlegen Sie mit mir: Es mag die Fürsprecher der öffentlichen Ordnung enttäuschen, aber es ist offenkundig, dass der Staat unsere Konflikte zumeist *nicht* regelt oder wenn, dann nur *zu einem sehr hohen Preis*. Theoretisch ist die Macht des Gesetzes sehr wirkungsvoll und durchsetzungsstark – sie kann auf bewaffnete und trainierte Menschen zurückgreifen, die manchmal schlichtweg notwendig sind, um kriminelle Idioten an ihren Aktivitäten zu hindern. Praktisch ist der Einsatz dieser Macht allerdings weder einfach noch automatisch. Ganz im Gegenteil. Übrigens ist das auch den meisten Idioten und Idiotinnen bewusst, sie nutzen es sogar aus. Das Dreckschwein, das Sie sexuell angegriffen hat, hat sich sicher strafbar gemacht, aber um Ihr Recht im Rahmen des Gesetzes durchzusetzen, müssen Sie sich einem mühsamen Verfahren aussetzen, das sich unmenschlich lang hinziehen wird. Denn der Staat ist eine *sehr* Große-Maschine-die-stärker-ist-als-du-du-Idiot. Dass diese Prozedur existiert, ist unverzichtbar, aber man wünscht sich, niemals auf sie angewiesen zu sein.

Auch wenn es einen grundlegenden Unterschied zwischen

Unzivilisiertheit und einer Straftat gibt, obwohl sich in einer Schlange vorzudrängeln absolut nicht vergleichbar ist mit dem Begrapschen einer Untergebenen – die Betroffenen, die auf ihr Recht pochen, finden sich in vergleichbaren Situationen wieder: Sie sind auf sich selbst zurückgeworfen, machtlos und ausgeliefert. Dieses gewaltige Durcheinander stellt in erster Linie ein kollektives Versagen dar. *Viel besser* wäre es, aktiv vorzubeugen und das Problem nach Möglichkeit bereits auf Mikroebene zu erkennen und zu bestrafen (also Bewusstsein zu schaffen). Es ist notwendig, eine Form des gesellschaftlichen Bewusstseins zu ermutigen und zu pflegen, das in jedem Individuum lebendig ist und es in die Lage versetzt, mit Idioten auf informelle und sozusagen infra-legale Weise umzugehen. Gesetze, Richter und Polizei können und sollen weiterhin als Schutzwall vor Kriminellen dienen, aber es ist unerlässlich, dass wir auch abseits der Schaffung neuer Gesetze in der Lage sind, unsere Konflikte so weit wie möglich *ohne* die Institutionen des Staates zu lösen.

Umgekehrt, und das wird den simpelsten Anarchisten nicht gefallen, sind Machtverhältnisse schon in den Anschauungen und dem praktischen Handeln jedes Einzelnen gegenwärtig. Paradoxerweise ist es eine der Rollen der Institutionen (wobei ich nicht behaupten möchte, dass sie diese Rollen besonders gut spielen), die Bürger vor ihrem obsessiven Streben *zu schützen,* ihre Konflikte vor eine Autorität zu bringen, was nichts anderes ist als eine tiefe Neigung zur Unterwerfung. Unterwerfung mag politisch ein ernstes Phänomen sein, aber sie ist auch eine (nicht nur) menschliche Neigung. Woher kommt das? Das ist kein Geheimnis.

Tatsächlich haben wir diese theoretisch perverse Sehnsucht nach Unterwerfung nicht *grundlos*. Die Unterwerfung bietet sich an, um uns aus Situationen der Ohnmacht zu befreien, oder, genauer gesagt, aus unserem Entsetzen (unserer Angst, unserer Scham – jeder reagiert anders) angesichts des *Gefühls unserer Ohnmacht* – das ich in der Folge unser *Ungenügen* nennen möchte. Jedes Scheitern einer Interaktion weist uns in die Schranken unseres kleinen Ichs zurück. Wenn wir dann so zurückgeworfen, allein und auf uns selbst gestellt sind wie auf einer einsamen Insel ohne Wasser und Kokospalmen, erweist sich unsere Macht als entsetzlich beschränkt. Je verlassener und machtloser Sie sich fühlen, umso stärker wird Ihr Bedürfnis, dass jemand oder etwas Ihnen zu Hilfe komme. Wenn sich herausstellt, dass diese so sehr herbeigesehnte Macht im Außen liegt, dann kennen Sie nur mehr einen Wunsch: sich mit dem bisschen, das von Ihnen noch übrig ist, zu unterwerfen, um so das Gefühl der Machtlosigkeit loszuwerden. Wie jeder weiß, ist die damit einhergehende Erleichterung so intensiv, dass die Unterwerfung eine Welle der Freude auslöst.

Aber kehren wir zu den Arschlöchern zurück, die vor Ihrer Nase auf den Gesetzen herumtrampeln und Sie rätseln lassen, wie Sie am besten reagieren sollten. Was bedeutet es, die Haltung des Rechthabenden einzunehmen? Es ist eindeutig: Sie drohen den Idioten (zu Recht, keine Frage) mit der Macht des Gesetzes, also mit einer Intervention des Staates, der Ihren Worten Nachdruck verleihen soll. Ich möchte hier auf einen wichtigen Punkt hinweisen. Indem Sie sagen, dass Sie im Recht sind, sprechen Sie nichts Geringeres als eine Drohung aus – nämlich dass die staatliche Macht eingreifen wird. Diese Drohung hat einen Vorzug: Sie verschiebt das Kräfteverhältnis zwischen Ihnen und dem Spießer, mit dem Sie es zu tun haben, auf einen Konflikt zwischen ihm und der Großen-Maschine-die-stärker-ist-als-du-du-Idiot, was Sie, zumindest theoretisch, unter den Schutz des Staates stellt. Leider hat diese Drohung aber auch einen gravierenden Nachteil: Sie verschiebt die Beziehung an sich, womit Sie auf die verschiedenen Handlungsoptionen der zwischenmenschlichen Interaktion verzichten und sich selbst in eine (gerechtfertigte, keine Frage) Unterwerfung begeben – unter das Gesetz. Noch einmal: Das ist eine Haltung, die Sie nur im Notfall einnehmen sollten, so wie Sie nur dann von einem fahrenden Zug springen würden, wenn es Ihre einzige Chance wäre, dem sicheren Tod zu entgehen.

Ich fasse unseren Gedankengang zusammen. Wenn Idioten bestehende Gesetze missachten, stürzt Sie die Tatsache, ein Opfer dieses Verhaltens zu sein, in eine solche Verstörung, dass Sie ihnen mit der Macht des Staates drohen. Diese Unterwerfung schwächt aber Ihre Rolle als soziales Wesen, was die Wahrscheinlichkeit, zum Opfer von Idioten zu werden … erhöht. Der Teufelskreis der Unterwerfung schließt sich also um Ihren Hals. Die Arschlöcher, die Furien mit ihren Hunden jeglicher Größe, können Ihnen auf der Nase herumtanzen, während Sie um die Hilfe des Staates betteln, der Ihnen schließlich helfen wird – oder auch nicht.

Könnte man aus all dem ableiten, dass wir uns nur auf uns selbst verlassen können, wenn wir nicht als Sklaven enden wollen? Bevor ich diese Frage ausführlicher beantworte, merken Sie sich einmal das:

9.
Unter dem Gesetz Schutz suchen, wenn nötig.
Aber immer an der frischen Luft bleiben.

WIE MORAL DIE INTERAKTION ERST VOLLENDET

Sie tauchen an den Schönwettertagen mit Tierlauten auf und überfluten auch noch die unwahrscheinlichsten Orte. Sie lehnen gerade an einem Geländer, da kommt erst einmal der Vater. Ohne Sie auch nur anzublicken, schiebt er Sie mit dem Ellbogen zur Seite, um sein völlig überdimensioniertes Teleobjektiv abzustützen, mit dem er nach eigener Auffassung ein epochales Foto schießen wird. Währenddessen laufen seine Kinder mit Eistüten bewaffnet durch die Gegend. Da löst sich ein Planet mit Erdbeergeschmack aus seiner Umlaufbahn, platscht auf den Boden, wo er langsam dahinschmilzt. Schon brüllt die Mutter das brüllende Kind an – und ihr sirenengleicher Sound ruft Bilder in Ihnen wach, ein Feuerwehrgroßeinsatz, Grand Theft Auto, die Napoleonische Infanterie, Cristiano Ronaldo, Lightning McQueen, ein Leichenwagen. Eine Gruppe besonders cooler Jugendlicher reißt Sie aus Ihrer Schockstarre. Mit einem donnernden Furz, über den sie sich grölend amüsieren, rempeln sie Sie lässig an und hauen ab.

Genau diese Szene könnten Sie überall auf der Welt – in einem antiken Palast, vor einem Tempel, in einem Park, auf den Treppen vor einer Kirche, in Gärten, am Eingang einer Moschee oder in einem Museum – erleben, bis Sie, die Schuhsohlen mit zähen Kaugummiresten beklebt, fernab von dieser Welt in einem Buch Zuflucht suchen.

Hier erfahren Sie, was moralische Autorität ist und warum Sie alles aufs Spiel setzen, wenn Sie sie gegen Idioten einsetzen.

Wenn man mit Idiotinnen und Idioten spricht, bedeutet der Verweis auf das Gesetz, das hat uns das vorangegangene Kapitel gezeigt, eine mehr oder weniger verschleierte Drohung, weil er sich auf eine mehr oder weniger greifbare Form von Macht beruft. So gesehen ermöglicht uns die Art, wie wir jenen, die uns das Leben vermiesen, mit der zumindest theoretischen Macht des Staates drohen, sowohl den durch sie verursachten Schaden zu begrenzen (indem ihre Vergehen vereitelt oder bestraft werden) als auch uns selbst zu beschwichtigen, denn diese Autorität vermindert unser Gefühl der Hilflosigkeit gegenüber diesen schlüpfrigen und vielgestaltigen verfluchten Idioten. Leider hat die Rechtsstaatlichkeit ihren Preis: Was wir bloß *tendenziell* an Schutz gewinnen (denn der Staat funktioniert nicht immer), verlieren wir gleichzeitig *tendenziell* an Autonomie. Je mehr man uns beschützt, umso weniger ist unser Reflex zur Selbstverteidigung gefragt. Der Effekt käme einer Infantilisierung gleich, wenn dieses »Wir«

bloß ein Einzelner wäre. Aber das wirklich Schützenswerte ist nicht unsere eigene unbedeutende kleine Person. Es sind unsere Interaktionen. Würden Sie etwa beschließen, sich zu bewaffnen, könnten Sie damit vielleicht (wenn überhaupt!) Ihre körperliche Integrität schützen, Sie würden aber genau das zerstören, was dieses unbedeutende Individuum überhaupt erst schützenswert macht – nämlich, ich sagte es bereits, die Qualität unserer Interaktionen.

Die dritte Konstellation, in der Sie sich »im Recht« fühlen können, zeigt, wie das Individuum, das Sie sind, sehr aktiv dazu beitragen kann, Ihre Interaktionen genau in dem Moment zu sabotieren, in dem Sie sie zu retten versuchen. Stellen wir uns vor, Sie fällen ein moralisches Urteil über etwas, das keinerlei geschriebenes Gesetz verbietet – zum Beispiel, ein Idiot zu sein (Sie können den Begriff hier nach Belieben variieren – zu lügen, Versprechen zu brechen, Unruhe zu stiften und so weiter). In diesem Fall haben Sie weder die tatsächlichen Umstände (Fall 1) noch bereits bestehende Gesetze (Fall 2) auf Ihrer Seite; Sie fordern ja weder das offizielle Verbot von Idioten (Fall 1) noch die Anwendung eines bestehenden Gesetzes, das Idioten verbietet (Fall 2). Von was für einem Recht reden wir denn dann, verdammt noch einmal? Wo kommt die Moral her, die es verbietet, ein Idiot oder eine Idiotin zu sein?

Sie sind möglicherweise der Meinung, es gebe irgendwo ein unantastbares Prinzip, das man *moralisches Gesetz* nennt, was in unserem Kontext vor allem ein *ungeschriebenes Gesetz* wäre. Nun gut! Auch wenn ich Ihre Empfindung teile, dass es Prinzipien gibt, die mir tief in den Körper eingeschrieben sind, sollten wir uns zunächst darauf einigen, dass das moralische Gesetz dieselbe Form hat wie das Gesetz an sich, weil es ebenso vorschreibt und verbietet, sich aber von diesem darin unterscheidet, was ihm Realität verleiht: im *Buchstaben* (der

Gesetze) und in der *Macht* (der Institutionen). Das moralische Gesetz ist somit nichts als die Fortführung des Gesetzes über seinen Rahmen hinaus, also ohne geschriebene Paragrafen und ohne Belohnungen und Strafen. Man könnte die moralische Autorität als eine reine Extrapolation des juristischen Rechts betrachten, die mit der Angewohnheit zur Unterwerfung verknüpft ist; moralisierende Diskurse sind übrigens nirgends so stark entwickelt wie in verstaatlichten Gesellschaften. Aber eins nach dem anderen.

Diese erste Beobachtung beschreibt, warum zu denken oder zu sagen, Sie seien *moralisch* im Recht, im Alltag nichts anderes bedeutet, als den Idioten mit einer Macht zu drohen, die Sie nicht besitzen, und sich damit an einem Machtkampf zu beteiligen, ohne die Mittel dafür zu haben. Das ist ganz offensichtlich blödsinnig. Sie verhalten sich, als würden Sie sich dem Staat unterwerfen, wo es gar keinen Staat gibt.

Rufen Sie sich noch einmal ins Gedächtnis, wie das funktioniert mit der Unterwerfung. Je stärker einem in einer Interaktion Strandenden (das kommt mir begrifflich passender vor als »Einzelner«) seine Unzulänglichkeit bewusst wird, umso größer wird sein Wunsch sein, etwas möge ihm zu Hilfe eilen. Wenn der Staat dieses Bedürfnis nicht stillen kann (und kein Staat wird jemals die Idioten und Idiotinnen verbieten, schließlich sitzen diese an den Hebeln der Macht), wendet sich diese Unterwerfung ins Leere, anders gesagt an eine *moralische* Autorität, was gleichbedeutend ist mit einer *abwesenden* Autorität. Mithilfe dieses Bildes einer abwesenden Macht wird Ihre Unzulänglichkeit, Ihren Positionen zum Durchbruch zu verhelfen, zu einer Forderung. Sie stellen sich das, was Sie wollen, aber nicht bekommen, als ein moralisches Recht vor, das Sie haben, also als etwas, das Ihnen *gehört*, obwohl Sie es nicht *besitzen*. Und was Sie gegenüber anderen nicht durchsetzen können, stellen

Sie sich als *moralische Pflicht* der anderen vor, die einzuhalten diese *gezwungen* sind, auch wenn sie das *nicht* tun. Sie sehen, es handelt sich um eine Art Wahnvorstellung, bei der die Realität in umgekehrten Darstellungen projiziert wird, wie das Schiffbrüchigen ohne Trinkwasser oder Kokospalmen passiert (sie träumen von Gebirgsbächen und Schatten), sodass der Begriff »Moral« eine dritte Bedeutung erhält: Er bezeichnet etwas, das nur in einer theoretisch idealen Konstellation existiert und bloß auf der ungenügenden Sehnsucht eines Ertrinkenden beruht, der, beständig um seine verloren gegangene Macht kreisend, immer und immer wieder in seiner Unzulänglichkeit ertrinkt. Sie zum Beispiel behaupten, die Menschen hätten die *Pflicht*, keine Idioten zu sein. Und dann haben Sie noch die Unverschämtheit zu denken, Sie sollten Ihre Nächsten nicht hassen, selbst wenn sie Idioten sind! Solche Aufgabenstellungen sprechen nicht gerade für Ihren Realitätssinn, aber wirklich nicht …

Aber sie sprechen natürlich für Sie. Und zwar aus folgendem Grund.

Man könnte sagen, dass die *moralische Autorität,* die Sie für sich in Anspruch nehmen, eine Differenz zwischen Ihrem Wunsch und der Realität ausdrückt. Folglich leitet sich diese Autorität nicht von einem positiven Absoluten ab, das seine Erlässe mit kraftvoller Stimme formuliert; sie drückt vielmehr ein authentisches Absolutes aus, den großen Aufschrei des Gestrandeten, die große Herausforderung, die der Schiffbruch selbst für Sie bedeutet. Sie ist die Stimme Ihres Ungenügens, eine intime Klage, dass der Spalt zwischen dem, was Sie sich wünschen, und den Ereignissen, wie sie tatsächlich stattfinden, geschlossen werde. Auf dieser Ebene der Analyse ist es möglich, dass die Ausdrucksform, die der Situation eines Schiffbrüchigen, in die uns die Idiotie gestürzt hat, am ehesten angemessen ist, also die lebendige Quelle aller Moral dieser Welt, schlicht und einfach ein Angstschrei ist oder ein exorzistischer Tanz oder sonst etwas – solange es hilft, das Vertrauenslamento, also die erschreckenden Emotionen des interaktionellen Schiffbruchs zu überwinden. So ist es! Wie ich bereits gezeigt habe, bringt dieser Untergang alle menschlichen Regeln ins Wanken. Wenn Sie sich in so einem Zustand der Trauer oder des Ungenügens befinden, steht es Ihnen völlig frei, wie Sie dieses Gefühl ausdrücken. Sie sind völlig auf sich selbst zurückgeworfen, wenn Sie vor dem fundamentalen poetischen Problem stehen – wie Sie Ihre Emotion bis zum letzten Tropfen ausschöpfen.

Hier wird das System der Moral vor der Absurdität gerettet. Denn letztlich hat die Aufteilung in Gut und Böse vor allem die Funktion, Ihre Klagen, Ihr Stöhnen zu rechtfertigen und Ihr Bemühen zu stärken, wenn Sie verzweifeln. Ja! Wenn Ihre Geliebte Sie betrügt, Sie belügt, Sie manipuliert und an der Nase im schlammigen Sumpf der Feigheit herumführt, oder wenn Ihr Partner Sie schlecht behandelt oder schlägt, dann wirkt der Moment, in dem Sie sagen: Das ist böse, das toleriere ich nicht, wie eine Befreiung. Dass sie Ihnen dabei hilft, sich zu trennen, ins Handeln zu kommen, dass sie Ihnen hilft, ein *theoretisch ideales* Bild von sich selbst zu bewahren, ist das große Verdienst der Moral, das ist ihre positive Rolle. Das ist keine Kleinigkeit, denn dieser Bruch befreit Ihre Emotionen, er löst Sie aus Ihren unangemessenen Unterwerfungen. Das setzt normalerweise einen riesigen Gefühlsnebel frei, in den sich unter anderem große Erleichterung und großer Schmerz mengen. Ihre Klagen, Ihre Urteile, all die imaginären Prozesse, an deren Ausgang Sie grässlichste Strafen für die von Ihnen Verurteilten imaginieren, haben den Vorteil, dass sie diese Nebelwolke auflösen – je nachdem durch einen glühenden Ascheregen oder als trostloser Niederschlag. So gesehen ist die Moral ein direkt emotionales Instrument, dessen scharfe und eindeutige Formeln sich als geeignet erweisen, das, was wir empfinden, anzunehmen, zu verarbeiten und auszudrücken.

Das moralische Recht hat allerdings auch eine destruktive Funktion, die es perfekt erfüllt – sogar *zu* perfekt. Denn die Moral zerstört Interaktionen, was überaus nützlich ist, wenn es sich um schädliche Interaktionen handelt, wie ich gerade gezeigt habe. Der Nachteil ist, dass sie *alle* Interaktionen zerstört – was jeder leicht feststellen wird, wenn er mit Freunden und Freundinnen über Fragen diskutiert, die eine moralische Antwort implizieren. Was sollen Sie über Ihre Ex denken? Hat sie Sie wirklich betrogen? Ab welchem Moment, welchem Akt muss sie als Idiotin bezeichnet werden? Kaum kommen solche Fragen ins Spiel, steigt die Lautstärke, die Diskussion wird gespannter, bis sie – in einem Moment, der vorhersehbar gewesen wäre, wenn man darauf geachtet hätte – scheitert. Warum? Weil das moralische Recht eine Art zu denken und zu reden ist, die sich direkt an die individuelle Unzulänglichkeit lehnt. Das macht, nebenbei bemerkt, die Faszination des Tratsches für uns aus: Er führt uns die Unzulänglichkeit der anderen vor, was sehr beruhigend ist, weil es bedeutet, dass keiner von uns der Einzige ist, der Schiffbruch erlitten hat. Wichtiger noch: Hier liegt das Fundament des moralischen Rechts. Seine Autorität leitet sich aus Ihrer Situation als Schiffbrüchiger ab, und diese erlaubt Ihnen zweifellos, einen absoluten Imperativ zu formulieren: überleben. Aber Sie werden einsehen, dass dieses Absolute nur für Sie Geltung hat, denn auf Ihrer Insel sind Sie der einzige Gestrandete. Wenn wir über Moral diskutieren, führt das deshalb jedes Mal zu einer großen Aufregung um etwas, über das wir uns *vor Beginn* jeder Diskussion einigen sollten. So aber nutzt jeder in ungeordneter Weise die Diskussion dazu, von den anderen eine Art stillschweigendes Übereinkommen zu verlangen, eine Art der Diskussion vorgelagerten

Einverständnisses, einen kleinen Angstschrei sozusagen, der uns vereinen würde wie ein vom Nebel umschlossenes Rudel Wölfe, das seine Angst gemeinsam in die Nacht heult.

So bringt unser Ungenügen sowie der Wunsch nach dessen Beendigung schließlich den natürlichen Lauf der Dinge durcheinander. Denn wir können die Grundbedingungen für unsere Beziehungen (also die moralischen Normen) nur durch Verhandlungen *untereinander* festlegen. Bedingungen für einen Dialog zu stellen, ist also ein Widerspruch in sich: Der Dialog kann keine Vorbedingung haben. Deshalb muss man die Waffen niederlegen, wenn man sich dieser Themen annimmt: Unsere moralischen Überzeugungen lehnen sich sofort an unser Ungenügen. Es endet damit, dass wir uns gegenseitig die Schädel einschlagen, wenn jeder versucht, seine Emotionen angesichts des eigenen Ungenügens zu unterdrücken. Ein edles Bestreben, aber eine schlechte Methode. Denn um es philosophisch auszudrücken: Die Sprache ist bedingungslos, weil sie von Natur aus konditionierend ist.

Um es uns mit anderen nicht sofort zu verscherzen, gilt es zunächst, das allgemeine Ungenügen aller Individuen zu erkennen und einzugestehen, dass wir das Ungenügen und die Angst nur überwinden werden, wenn wir zu einer Sprache der offenen Normativität in der Diskussion mit anderen finden. Das kann sich aber nicht auf die moralische Autorität stützen, weil die ausschließlich auf dem einzelnen Individuum gründet; sie stützt sich auf das Verhältnis zwischen Ihrem Bemühen, zu überleben, und Ihrem Bewusstsein davon, dass Ihnen das allein nicht gelingen wird. Kaum tritt die Angst, die Sie erfolgreich in Ihren persönlichen Moralvorstellungen angelegt haben, in Interaktion mit einem anderen Individuum, einer Gruppe oder einer Institution, pervertiert sie die Beziehung, weil sie eine maskierte – grenzenlose und inhaltsleere – Drohung enthält, durch die sie ihre Spielregeln durchzusetzen versucht. Die Formel ist: *Diskutieren wir darüber, sonst …!*

Sonst … was? Ich komme später darauf zurück. Erst möchte ich aus diesem Strudel von Konzepten ausbrechen, der Sie ebenso erschöpft hat wie mich, und folgenden Schluss ziehen: Die Moral möchte sich bedingungslos, also mit Macht durchsetzen – im Bewusstsein, dass sie keine andere Macht hat als die, allen auf die Nerven zu gehen, indem sie unsere Ängste reizt und an ihnen herumkratzt. Auf Moral zu bestehen, ist deshalb eine sichere Methode, Ihre Beziehungen zum Scheitern zu bringen.

Kippe ich damit ins Unmoralische? Nein. Ich kläre nur ein Kriterium, das Sie bereits berücksichtigen, wenn Sie mit jemandem diskutieren, den Sie respektieren: Sie vermeiden es, sich unnötig zu ärgern, Sie respektieren also den Vorrang der Interaktion vor dem Inhalt des Austauschs. Letzten Endes ist es nicht nötig, dass Sie auf Ihre moralischen Prinzipien verzichten, denn in meinen Augen ist es nur natürlich, dass Normen normativ sind (auch und vor allem jene, die als Tatsachen daherkommen, wie die Liebe, Ehrlichkeit, Wohlwollen). Versuchen Sie umgekehrt nicht, Ihre persönlichen Moralvorstellungen unter Umständen einzubringen, die in direktem Gegensatz zu ihnen stehen. Wenn Sie versuchen, sie mit Gewalt durchzusetzen, verraten Sie sie. Denken Sie daran: Anderen Ihre Normen aufzudrängen, ist der sicherste Weg, alles kaputtzumachen, was davon mit anderen teilbar gewesen wäre.

10.
Drängen Sie Ihre Normen niemandem auf.
Verhandeln Sie die der anderen.

WARUM IDIOTEN
DIE ZERSTÖRUNG LIEBEN

Kann ich Fritten dazu haben?
Nein, dazu gibt es Salat und grüne Bohnen.
Aber Sie haben doch Fritten. Zu der anderen Speise gibt es welche! Kann man das nicht ändern?
Nein.
Wieso nicht? Wo liegt das Problem?
Weil das mit grünen Bohnen serviert wird.
Wäre das wirklich so schwer für die Küche?
Das ist nicht das Problem.
Und wenn ich für die zusätzliche Beilage bezahle?
Zusätzliche Beilagen sind nicht vorgesehen.
Und das kann man nicht ändern?

Hier erfahren wir etwas über Machtverhältnisse und den Krieg, woraus sich eine Überlebenstaktik für Familienessen ableiten lässt.

Als ich heute Morgen aufwachte, fiel mir ein, dass der letzte Satz des vorangegangenen Kapitels einen ernsthaften Widerspruch auslösen könnte. Ich habe geschrieben: »Anderen Ihre Normen aufzudrängen, ist der sicherste Weg, alles kaputtzumachen, was davon mit anderen teilbar gewesen wäre.« Diese Aussage war aber nicht das Ergebnis einer plötzlichen Eingebung. Sie ist die Frucht von fünfzehn Jahren des Forschens, des Lehrens und von Erfahrungen an allen Enden der Welt. Der ganze Aufwand für eine einzige Aussage?, werden Sie sagen. Aber während ich noch darüber nachdachte, an welche Stelle des Körpers ich sie mir tätowieren lassen soll, hat sie den folgenden Zweifel aufkommen lassen: Mache ich mich zum Fürsprecher einer sanften Manipulation, wenn ich die Existenz unserer normativen Tendenzen anerkenne (was erklärt, warum wir – zu Recht! – denken, dass es Idioten gibt) und gleichzeitig ihre gewaltsame Durchsetzung ablehne (sodass wir die Idioten *nicht* vernichten *können*, nicht einmal auf der

Ebene des moralischen Ideals)? Bin ich, anders gesagt, gerade dabei, Ihnen zu empfehlen, nicht die Konfrontation mit den Idioten zu suchen, sondern sie bloß zu manipulieren (was mit dem Risiko verbunden ist, von ihnen erstickt zu werden), vorausgesetzt, Sie gehen dabei *sanft* vor?

Nun, hier ist meine Antwort. Als ich darauf hinwies, dass Ihre Normen teilbar sind, wollte ich Sie ermutigen, auf Basis einer geteilten und wechselseitigen Ausübung von Macht in Verhandlungen einzutreten. Und ich sehe keinen Grund, so eine Art der interaktionellen Ethik als eine maskierte Form der Dominanz zu deuten. Es ist vorstellbar, dass die Normen am Ende so eines Dialogs verändert wären, ja sogar eine unendliche Zahl von Variationen wäre denkbar. Wenn Sie jetzt einwenden, dass das ja dann gar keine Normen mehr sind, dann haben Sie mich verstanden: Ohne die subjektiv stützende Überzeugung, dass alle Ihr Wertesystem teilen *sollten*, können Sie dennoch die negativen Auswirkungen dieser Erwartung neutralisieren; anders gesagt, ohne sich selbst untreu zu werden, können Sie aufhören, der Idiot der anderen zu sein. Es ist schon mühsam genug, dass die für Sie Idioten sind.

Stellen Sie sich einmal die umgekehrte Hypothese vor. Die Gedanken zur Moralpredigt, zu den Prinzipien des Rechts und der moralischen Autorität haben uns gezeigt: Jenseits des Aushandelns gibt es nur Machtverhältnisse, und diese Macht ist weder ein Bild noch eine Metapher. Wenn Sie sich vergegenwärtigen, dass es immer nur ein kleiner Schritt zur Gewalt ist, können wir ein neues Definitionselement hinzufügen: *Die Idioten sind für den Krieg,* aus Prinzip und per definitionem.

Ja, natürlich, wenn Sie sagen, *ich selbst bin für den Frieden,* dann werden Sie alle Gesprächspartner auf Ihrer Seite haben, vor allem die größten Idioten unter ihnen. In Wahrheit sind viele unserer alltäglichen Haltungen auf Konflikt und Zerstörung ausgerichtet, ohne dass uns das auffiele. Jedes Mal, wenn man für einen Dialog Vorbedingungen formuliert – Vorbedingungen, die davon ausgehen, dass der andere nicht der andere ist –, dringt nämlich die Idiotie durch, gewissermaßen unbewusst. Die Vorstellung, der andere müsse *erst* zerstört werden, um *dann* erst das Recht zu haben, zu reden, ist eine idiotische Haltung, aber sie ist weiter verbreitet, als man denken sollte.

Ganz gegen meine Art möchte ich das mit den Worten eines großen Mannes illustrieren, dessen Bild mich während dieser gesamten Diskussion verfolgt. Cato der Ältere selbst wurde von den Gedanken seiner Gegner verfolgt. Nach dem Zweiten Punischen Krieg zwischen Karthago und Rom schloss dieser große Senator und Held der römischen Geschichte jede seiner Reden mit demselben Satz: *Ceterum censeo Carthaginem esse delendam* (Im Übrigen bin ich der Meinung, dass Karthago zerstört werden muss).

Catos obsessiver Wunsch, seine Feinde zu zerstören – und die Tatsache, dass man ihn und seinen monströsen Satz zweitausend Jahre danach noch kennt –, erinnert daran, dass die Logik des Krieges weiterhin wie glühendes Magma unter der Oberfläche jeder Debatte brodelt. Im Gegensatz zu Cato ist den Idioten leider nicht bewusst, dass wir nur zwei Möglichkeiten haben: Entweder wir begreifen, dass wir miteinander auskommen müssen, oder wir akzeptieren unterschwellig, dass es das Beste wäre, einander abzuschlachten. Mit einer jedes Mal wieder verblüffenden Genialität ziehen die Idioten und Idiotinnen praktisch immer den Krieg vor. Sie vergessen dabei, dass hinter den Worten echte Konflikte brodeln; und dass Karthago 146 vor Christus tatsächlich zerstört wurde. Da war Cato bereits nicht mehr am Leben.

Was kann es für einen Zusammenhang geben zwischen der gewöhnlichen Blödheit Ihrer Schwägerin oder des Taxifahrers, der Sie zum Islam, zum jüdisch-christlichen Abendland, zu den Bobos, den Faschisten oder den Lehrern zuquasselt, einerseits und den Bombenangriffen, die gar nicht so weit entfernt stattfinden, andererseits? Wir müssen akzeptieren, dass die Verbindung sehr lose, sehr fern ist – aber dass es eine gibt. Es handelt sich natürlich nicht um eine Ursache-Wirkung-Verbindung und auch um keine moralische Verantwortung: Das Gemeinsame liegt schlicht in der Logik des Krieges. Die Idioten wollen den Krieg, ohne die geringste Ahnung davon, was das bedeutet, und ohne jede Lust, ihn zu führen. Aber das Prinzip des Krieges, der Ausschluss des anderen vom *Recht, zu reden* (und im Grunde von jeder Existenz) liefert ihnen, was die Haltung des Rechthabens nur auf verschleierte Weise bieten kann: den – zumeist sehr unscharf umrissenen, unterschwelligen, symbolischen – Genuss, eine zerstörerische Macht auszuüben.

Deshalb haben Idioten ein paradoxes Vergnügen dabei, den Krieg vorzuziehen. Sie genießen – zumindest in Gedanken – die Freude an der Zerstörung, und dieses Genießen bedroht alle auch faktisch. Sie werden sich fragen, woher dieser so besondere Genuss am Zerstören kommt. Nun, zunächst sind Idioten und Idiotinnen nichts als hirnlose, von ihrer eigenen Kraft überraschte Riesen, und diese Überraschung verschwindet auch nicht, wenn sie diese Kraft einsetzen. Wie Neugeborenen geht es Ihnen darum, ihre Kraft gegenüber allem, was in ihrer Reichweite ist, und um jeden Preis auszuprobieren – insbesondere, weil ihre Kraft für sie selbst problematisch geblieben ist. In ihrem Selbstzweifel von anderen Idioten bestärkt, die sie dominieren, hören sie nicht auf zu zweifeln. Die einen beruhigen ihre Ängste somit vor allem durch Dominanz, die anderen durch Unterwerfung. Im Verlauf eines einzigen Tages oszilliert ihre polymorphe Idiotie von einer Gestalt zur nächsten – zwischen Domination, Unterwerfung und Zerstörung.

Aber das ist noch nicht alles. Wenn Idioten zur Zerstörung neigen (zum Beispiel, indem sie Sie bedrohen), dann ist ihnen egal, ob es ihre eigene Macht ist, derer sie sich bedienen. Oft ist ihnen sogar egal, ob sie durch sie geschützt sind. Was ist ihnen dann wichtig? Sie befolgen blind eine Logik der Ökonomie, die gar nicht direkt sie betrifft, sondern eine natürliche Tendenz des Universums darstellt. Weil es einfacher und leichter ist, zu zerstören als aufzubauen, zu bedrohen als zu befrieden, das Gespräch abzubrechen als das Gegenüber zu verstehen, lassen sich Idiotinnen und Idioten von einer Gewalt durchdringen, die weit über die Grenzen jeglicher Subjektivität, über jede soziale Konstruktion, jede politische Vereinbarung und jede Ökologie hinausgeht. Sie folgen also beflissen dem Naturgesetz der Entropie, der Rückkehr zur Unordnung, zur Zerstörung der organisierten Formen – nicht so sehr aus Faulheit (obwohl das keine ganz falsche Zuschreibung wäre), sondern weil die Kraft, die sie durchdringt, daran scheitert, sich zu organisieren, sich im Subjektiven zu erfüllen und daher wie eine tödliche Welle am Ufer unserer Beziehungen zusammenbricht.

Die Vorliebe für den Krieg, die man bei Idioten feststellen kann, hat also nichts mit einem Todestrieb zu tun, denn die Gewalt, die sie ansprechen und die sie verkörpern, ist nicht nur eine Form der Macht, die ein Subjekt über ein anderes ausübt. Die Gewalt der Idioten ist viel *kosmischer*. Sie verweist auf die Tatsache, dass die Menschen die Bindeglieder einer Macht sind, die in der Lage ist, ohne größere Kraftanstrengung, als zum Wegpusten der Flugschirme eines Löwenzahns nötig wäre, zu vereinen und zu trennen, sich selbst zu organisieren, Chaos zu stiften oder gar die gesamte Menschheit und den Planeten Erde zu vernichten. Was die tatsächliche Zerstörung (Krieg, Tote, ökologische Katastrophen) hervorbringt, ist also nichts weiter als die erhabene Kraft der Existenz, die sich manchmal zu wundersamen Energiekombinationen strukturiert – in Ihnen, im Leben, in der Freude, im ewigen Frühling des Universums – und manchmal in erschreckenden Blitzen entlädt, die die Zerbrechlichkeit jedes Bemühens um Selbstorganisation sichtbar macht. Ja, ich weiß schon! Sie hätten gern, dass die Idioten heulend vor sich hin leiden und die Hand nach Ihnen ausstrecken, und das noch mit einem malerischen Lächeln. Das werden sie aber nicht. Die Kraft der Existenz durchströmt und zerstört sie, deshalb ist ihr Leiden voll Hass. Und sie werden praktisch alles und jede und jeden hassen, weil die Kraft, die in ihnen wirkt, eine zerstörerische ist.

Die Zerstörung ist unmittelbarer, einfacher und weniger aufwendig als der Dialog und sie ist konstitutiver Bestandteil der Idiotie. Und an diesem Punkt muss nun unsere philosophische Untersuchung einen radikalen Richtungswechsel vollziehen. Wie Sie begreifen werden, kann die Idiotie nicht zerstört werden, *weil sie selbst das Prinzip jeder Zerstörung ist.* Deshalb sind die größten Idioten für die Philosophen so etwas wie heilige Kühe: Sie wissen, dass sie sich niemals ihnen gegenüber verständlich machen werden können, also verzichten sie auf jeden derartigen Versuch. Ist so eine philosophische Haltung – die zu oft als aristokratischer Dünkel interpretiert wird – letztlich arrogant und abwertend? Vorsicht mit solchen Einwänden; denn die Alternative zum Schweigen der Philosophen angesichts der Idioten würde unmittelbar die Logik des Krieges aktivieren und gegen allen Anschein hieße sie nicht Respekt, sondern Intoleranz. Die Idioten in Ruhe ihre Kriege wiederkäuen zu lassen, ist manchmal der einzige Weg, um die heiligen Kühe in Frieden zu lassen.

Wenn Sie sich also, soweit das möglich ist, auf die Seite des Guten und der Intelligenz stellen wollen, dann sollten Sie die Idioten und Idiotinnen einfach reden lassen. Um es noch genauer zu sagen: Sie sollten auch noch Ihren nächsten Angehörigen und besten Freunden die Freiheit lassen, idiotischen Unsinn zu reden. Denn wenn Sie versuchen würden, sie ernsthaft zu überzeugen (also *nicht spielerisch*), würden Sie sich selbst unmittelbar auf die Seite der Finsternis bewegen. Unabhängig davon, ob Sie die Wahrheit, die Vernunft oder was weiß ich was auf Ihrer Seite hätten, Sie wären nichts als ein weiterer Idiot, der seine Ängste den anderen an den Kopf wirft. Vor allem bei Familienessen, bei denen das familiäre Band, das alle eint (oder einen sollte), das einzig Wichtige ist, sollten Sie lernen, die Gedanken dieser wundersamen Hornochsen wertzuschätzen, statt an ihnen zu verzweifeln. Hören Sie ihnen aufmerksam zu, um ihre Klagen anzunehmen, aber übersehen Sie dabei nicht die Ähnlichkeit mit dem Gott Shiva, der in seinem tausendarmigen Tanz die Welt lächelnd zerstört. Die Idioten, liebe Freunde, sind die heiligen Apostel des Krieges. Und der Krieg ist nicht nur ein Skandal. Am Krieg ist so entsetzlich, dass er wie ein schwarzes Loch die ekstatische Implosion einer grundlosen Freude aufzeigt.

11.
Schließen Sie Frieden.
Und lassen Sie den Idioten ihre Kriege.

WARUM WIR VON IDIOTEN REGIERT WERDEN

Wer schon einmal eine Herde von Seehunden beobachtet hat, die in der Sonne liegen, hat es wohl erkannt – Idiotie ist, ganz wie die Intelligenz, keine ausschließlich menschliche Eigenschaft. Es gibt jede Menge Platz auf den riesigen Felsküsten, und trotzdem mangelt es nicht an Störenfrieden. Weil sie die besetzten Plätze den Freiflächen vorziehen, beginnen sie sinnlose Konflikte, was zu Geschrei und zu Verletzungen führt, und vergällen den anderen mit allen Mitteln das Leben – indem sie so ins Wasser springen, dass alle nass gespritzt werden, oder indem sie stärkere Seehunde von ihren Plätzen zu vertreiben versuchen, manchmal auch schwächere. Das ist in allen Gemeinschaften das Drama. Überall, wo es Interaktionen gibt, gibt es auch Idioten.

Hier anerkennen wir die Legitimität von Idioten in sozialen Hierarchien, selbst wenn, nein, vor allem wenn sie über uns stehen. Was den Ausbruch von Kämpfen keineswegs verhindert.

Über die Idiotie von Menschen hinwegzusehen, um ihre Klagen herauszuhören, ist nicht leicht; und stehen diese Idioten in der Hierarchie zufällig über Ihnen, ist es fast unmöglich. Wenn ich sehe, wie Sie, liebe Leserinnen und Leser, durch Ihren Beruf oder Ihre Vorgesetzten dazu gezwungen sind, absurde Anweisungen zu befolgen, kontraproduktive Handlungen zu setzen, zuzusehen, wie ein anderer Ihre Bemühungen sabotiert, dann treibt mir das Tränen des Mitgefühls in die Augen. Es geht ja noch, wenn menschliche Idiotie Sie einen Blick auf die souveräne Macht des Universums erhaschen lässt; aber wenn sie Sie zu Boden ringt, Möglichkeiten vernichtet, jeden guten Willen missbraucht, Ungerechtigkeiten begeht, die Welt ins Chaos stürzt und Sie auch noch zum Mitmachen einlädt … dann ist das etwas ganz anderes.

Hier geht es nicht mehr um Ästhetik, um Moral, um das Recht oder die Metaphysik. Hier reden wir von einem Skandal, den – sollte man meinen – wirklich jeder, der alle Sinne beisammenhat, als solchen erkennen wird, umso mehr, als er relevante wirtschaftliche, politische und philosophische Konsequenzen hat. Ich rede von dem Irrsinn, dem schlimmsten Perversen, dem größten Dummkopf, der fiesesten Idiotin aller Zeiten Verantwortung für die Gemeinschaft anvertraut zu haben; und von dem persönlichen Albtraum, jetzt damit fertig werden zu müssen.

Lassen wir diesen letzten Aspekt einmal beiseite. Sie werden zustimmen, dass die Tatsache, dass diese Ausgeburt diesen Posten innehat, für Sie ärgerlich ist, weil das, anders als der kosmische Tanz von Shiva, Ihre eigene Position direkt mit der Unordnung und dem Chaos in Verbindung bringt. Es ist also ganz natürlich, dass Sie der Ansicht sind, dass die Dinge nicht so liegen, wie sie sollten, und dass diese taube Nuss unter keinen Umständen auf diesen Posten gelangen hätte sollen, wo sie nur reihenweise Chancen versemmelt. Wenn Sie einverstanden sind, werden wir also gemeinsam die folgenden Zeilen im Code des Universums neu schreiben, damit Ihre Verzweiflung eine Rechtfertigung findet: Die Welt wäre besser, wenn sie von kompetenten Menschen geführt würde. Auf wenigen Seiten werde ich nachweisen, dass das nicht zutrifft.

Auf diesem Gebiet sollten wir tunlichst leere Worte vermeiden. Als Universitätsprofessor werde ich von dem sprechen, was ich am besten kenne, von Forschung und Lehre, und jeder wird darin seine eigene Welt wiederfinden. Wie Sie sich vorstellen können, gibt es unter Forschenden im Bereich Philosophie jede Menge Mittelmäßigkeit. Die Zahl derer, die die Forschung weitertreiben, ist im Vergleich zu denen, die das, was sie woanders gefunden haben, bloß endlos wiederholen und paraphrasieren, winzig; die meisten publizieren überwältigende Banalitäten, die völlig nutzlos sind. Aber was wäre, wenn wir diese Klage ernst nehmen und dem Wunsch, der darin zum Ausdruck kommt, nachkommen würden? Man müsste die Zahl der Forschenden beschränken und nur die besten unter ihnen behalten. Ohne über die Kriterien einer solchen Selektion zu diskutieren, blieben, sagen wir, weltweit einige Hundert Personen. Diese kleine Elite wäre dann perfekt von Professorinnen und Professoren abgeschottet, die ihre Lehre deformieren, ja selbst von Amateuren, die ihre Aufsätze lesen, ohne sie zu verstehen. Was würde dann passieren? Das Bedürfnis dieser Elite nach wechselseitigem Austausch würde in die Krise geraten. Mangels externer Beiträge käme es innerhalb der Gruppe zu einer Trennung zwischen den Besten und den weniger Guten, gewissermaßen zur Entwicklung neuer Formen der Idiotie. Am Ende einer ganzen Reihe solcher Vorgänge hätten die Mitglieder dieser Elite jede Lust an ihrer Gemeinschaft verloren.

Dieses rasche Gedankenspiel – das in manchen Ländern bereits ernsthaft exerziert wird – zeigt, dass jeder oder jede sozial Agierende (ob Forscherin, Professor oder was auch immer) nur durch den Rückhalt seines oder ihres Milieus, ja einer ganzen Gesellschaft existiert, die nicht nur die Relevanz seiner oder ihrer Arbeit gewährleistet, sondern sie auf materieller Ebene erst ermöglicht. Daraus muss man ableiten, dass die *natürlich* elitäre Neigung mancher Menschen, unter sich zu bleiben und es nur legitim zu finden, dass sie an den Hebeln der Macht sitzen, in der Zerstörung dieser Elite münden kann, wenn aus dieser Präferenz ein Ausschluss wird. Noch gehe ich nicht so weit vorzuschlagen, sie durch Idioten zu ersetzen, aber Geduld!

Im ersten Schritt meiner Argumentation wollte ich nicht nur darlegen, dass das Einfordern von Exzellenz die Tendenz zeigt, Verdienste (Kompetenzen in einem gegebenen Feld) mit der Macht zu verknüpfen, Entscheidungen zu treffen, die den Interessen dieses gegebenen Feldes oder Unternehmens dienen; es zeigt sich ebenso, dass man die mittelmäßigen oder unfähigen Player nicht ohne das Risiko ausschalten kann, das ganze Feld gefährlich auszutrocknen. Sie werden an diesem Punkt vermutlich zustimmen, dass Idioten und Idiotinnen notwendig sind – aber nur als Untergebene. Und Sie werden zustimmen, dass eine auf Verdiensten beruhende Elite nur durch das Einverständnis und die Mitwirkung eines Großteils der Gesellschaft möglich ist, dessen Bemühungen die Intelligenz, Kompetenz und Effizienz einiger weniger überhaupt erst möglich machen. Ich diskutiere hier nicht die Tatsache, dass das meritokratische Ideal dazu dient, Ungleichheit zu rechtfertigen, weil es davon ausgeht, dass die, die Privilegien haben, sie zumindest theoretisch verdienen, und die anderen, die keine Privilegien haben, sie dementsprechend nicht verdienen (ein Konzept, das Denkerinnen und Denker auf der ganzen Welt immer schon zurückgewiesen haben – allerdings vergeblich, denn die Unterdrückten werden sich immer weigern, ihre Unterwerfung unter die Herrschenden aufzugeben, weil sie es, wie Sie wissen, genießen). Ich möchte nur auf einen Punkt bestehen, dass nämlich die Guten ohne die Mittelmäßigen nicht existieren könnten, ja, sie könnten sich nicht einmal *wünschen*, was sie sich wünschen.

Hier gelangen wir zum nächsten Schritt. Sie werden mir zustimmen, dass es eine *Gemeinschaft des Verlangens* gibt, die die beiden verbindet. Die Abgrenzung zwischen Kompetenz und Inkompetenz ändert nichts daran, dass diejenigen, die sich als Elite empfinden, und diejenigen, die sie für Idioten halten, im selben Boot sitzen. Es ist möglich, dass die Idioten von dieser Gemeinsamkeit nichts wissen; aber das bedeutet nur, dass sie bloß versehentliche Behinderer des Gemeinwohls sind, dass sie sich ihm nur aus Opportunismus entgegenstellen, zufällig, je nach Gelegenheit. Ob sie es wollen oder nicht, ob sie es wissen oder nicht – die Idioten sind Teil eines Systems von Sehnsüchten (das man Gesellschaft nennt), ohne das wir nicht einmal wüssten, was wir wollen sollen.

Hier setzen wir zum großen Sprung an. Selbst wenn Sie der stumpfsinnigste aller Royalisten sind oder glauben, dass Kapitäne ihre Schiffe dank der strahlenden Gnade ihrer eigenen Tugenden lenken, werden Sie zustimmen, dass nichts Menschengemachtes in dieser Welt, nicht die Monarchien, nicht die Sklavengaleeren und nicht die Flugzeugträger, Bestand haben kann ohne die Unterstützung der Mehrheit. Und die Großartigkeit des romantischen Genies, des griechischen Helden, des amerikanischen *selfmade man* wären bedeutungslos, wenn sie nicht die Macht hätten, die Sehnsüchte der gähnenden Mehrheit anzuziehen, von der sie zuvor missachtet wurden. Bestimmt werden Sie einwenden, dass das Genie ein Mysterium ist, vielleicht sogar eine göttliche Gabe. Ich muss dem nicht widersprechen, um die Behauptung aufrechtzuerhalten, dass auch dieses außergewöhnliche Genie, wenn es nicht völlig unbeachtet von der ganzen Welt bleiben möchte, mit den gemeinsamen Sehnsüchten umgehen muss, damit seine Glorifizierung unter den Normalsterblichen möglich ist. So werden Sie letztlich zustimmen, dass die gemeinsame Sehnsucht eine mindestens so große Rolle spielt wie das Genie. Niemand kann sie vollständig verkörpern und trotzdem bestimmt die gemeinsame Sehnsucht den Platz in der Gesellschaft, den wir, je nach unserem eigenen Verhandlungsgeschick, einnehmen. (Selbst im Falle unseres Scheiterns, übrigens.)

Angesichts dessen ist es notwendig, dass die Machtpositionen von denen eingenommen werden, die diese auch anstreben; und dass diejenigen, die diese Positionen anstreben, wiederum jene sind, die das Räderwerk und die Schlupflöcher des Systems am besten auszunützen in der Lage sind, die sich trauen, zu schmeicheln und sich selbst zu demütigen, denen es ohne Mühe (wenn auch nicht ohne Verachtung) gelingt, die vagen Hoffnungen der »Mehrheit« zu verkörpern. Das setzt keineswegs voraus, dass die Idioten in der Mehrheit sind, wie das Misanthropen behaupten würden; es hängt eher mit der großen Vielfalt von Menschen zusammen, die es schwer macht, einen Durchschnitt zu benennen, ein typisch menschliches Profil oder irgendetwas, das unsere problematische Einheit angemessen ausdrücken könnte.

Genau hier triumphieren die Idioten. Ihre eigene Mittelmäßigkeit macht es ihnen leichter, das Kostüm des Durchschnittsmenschen überzustreifen und ihm endlich ein Gesicht zu geben. Deshalb ist der natürliche Zustand der Gesellschaft nicht die Herrschaft der Mittelmäßigkeit (was man Mediokratie nennt, ein Begriff, der von einem theoretisch überlegenen Beobachter ausgeht), sondern die *Medianokratie* – in anderen Worten die Tatsache, dass sich ein unbestimmbarer Durchschnitt in der Mittelmäßigkeit wiederfindet. Als Ergebnis wird die Macht vermutlich, wenn auch nicht unausweichlich, in die Hände des einen oder des anderen Idioten fallen.

Sie verstehen jetzt, dass es weder Pech noch eine Ungerechtigkeit, nicht einmal eine Anomalie ist, einen Idioten zum Chef, zur Chefin oder als Präsident zu haben, sondern dass jede Wahrscheinlichkeit dafür spricht. Diese Erkenntnis sollte Ihnen helfen, das Gleichgewicht in einem der schwierigsten Balanceakte zu halten: zwischen Ihren Bemühungen für eine bessere Welt einerseits (was den Kampf gegen die Idiotie an sich ebenso umfasst wie zu verhindern, dass die Idiotinnen und Idioten Schaden anrichten, beides immer und ausschließlich im Rahmen Ihrer eigenen Möglichkeiten) und andererseits Ihrem Verständnis von der Welt, das Ihre Gefühle besänftigt und

Ihnen so hilft, die Entscheidungen der Idioten und Idiotinnen nicht als kosmische Störungen zu erleben. Anders gesagt – ändern Sie die Welt nicht aus Abscheu, sondern weil Sie sie lieben (auch so, wie sie ist), was Sie ja nicht daran hindert, Ihre Vorlieben zu haben.

Um diesen Zustand des Gleichgewichts zu erreichen, vergessen Sie zwei Dinge nicht. Erstens, dass jeder und jede von uns, ob Sie das wollen oder nicht, mehr oder weniger auf seinem oder ihrem Platz ist, und dass die Idioten *deshalb* und nicht *trotzdem* die Wirtschaft und die Politik und auch sonst alles beherrschen. Wenn Sie, zweitens, das Gefühl haben, nicht in der richtigen Position zu sein, dann *kann* das ungerecht sein, es ist aber *ohne jeden Zweifel* eine Herausforderung, der Sie sich stellen müssen.

12.
Kämpfen Sie für Ihre Vorlieben.
Nicht für Ihre Frustrationen.

WARUM DIE IDIOTEN IMMER MEHR WERDEN

Na so was! Aber ich … Du …? Wir haben doch ausgemacht, dass du mir vorher Bescheid gibst …
Ich weiß, hab eh daran gedacht.
Und warum hast du es nicht getan?
Ich hatte mein Telefon nicht dabei. Aber: Jetzt sag ich's dir ja.
Nämlich? Wie viele seid ihr?
Keine Ahnung, um die dreißig.
Na gut … Dann überlass ich euch das Haus.
Du kannst ruhig dableiben.
Danke, ich schreibe gerade …
Dein neues Buch?
Ja, obwohl … nein. Ich habe das ändern müssen. Aber sag: Ihr wollt bleiben …?
Ähh, ja.
Bis wann?
Keine Ahnung. Ich werde erst noch ein wenig schlafen. Es kommen dann noch andere. Hey! Wodka hierhin! Lautsprecher dorthin! Haha, du bist schon in der Unterhose?

Hier entdecken wir, wie man die höllische Vermehrung der Idioten bewältigt, und lernen Frau Yvette Gibertaud kennen, die Großmutter des Autors.

Ich habe mich in die Geborgenheit meines Zimmers zurückgezogen und rufe Sie, unglückliche Gefährten, dazu auf, eines der größten Geheimnisse der menschlichen Existenz zu ergründen. Wie ist es möglich, dass die Zahl der Idiotinnen und Idioten immer weiter zunimmt? Wo kommen die alle her? Und warum sind es so viele?

Wenn man einen Augenblick lang nachdenkt, kommt einem diese Beobachtung wie eine optische Täuschung vor. Wieso sollte es heute mehr Idioten und Idiotinnen geben als gestern noch? Andererseits, denken Sie daran, dass es sich bei Idioten nicht um einen bestimmten Menschenschlag handelt, der auf der Straße herumschlendert, sondern um Ereignisse, die erst in zwischenmenschlichen Beziehungen in Erscheinung treten. Man nennt es das interaktionelle Wesen der Idiotie. Und es ist nicht besonders originell, festzustellen, dass unsere Interaktionen zunehmen. Unsere Vorfahren lebten, wenn man das so global sagen kann, in weniger mobilen Gesellschaften, die meisten von ihnen trafen also auf weniger Unbekannte im Laufe ihres Lebens. Noch unsere Eltern legten im Allgemeinen kürzere Strecken zurück als wir, trafen weniger Menschen als wir und weil ihre Lebensläufe linearer verliefen, hatten sie vermutlich auch mit weniger Milieus zu tun als wir. Das Internet und Smartphones schließlich haben unsere Möglichkeiten, mit Zeitgenossen in Kontakt zu treten, ob sie nun fern oder nah von uns sind, in persönlicher Begegnung oder bloß im Netzwerk, ins Unermessliche wachsen lassen ... Und je mehr Interaktionen, umso mehr Gelegenheiten für Missverständnisse, Ungeschicklichkeiten, mit anderen Worten: Interaktionelle Abstürze gibt es natürlich. Statt es also mit ein paar Dutzend Vollidioten zu tun zu haben (glaubt man meiner Großmutter, in einem Umkreis von wenigen Kilometern), erleben wir, dass es sich um Hunderte und Aberhunderte handelt. Ich schließe also fürs Erste, dass die Zahl der Idioten und Idiotinnen steigt, weil die Zahl der Interaktionen steigt. Quod erat demonstrandum.

Im Zuge solcher Begegnungen führt selbst eine kurze missglückte Interaktion beide Teilnehmer zu der Überzeugung, es gerade mit einem weiteren Idioten zu tun gehabt zu haben. Sie werden einwenden, dass jemand, der Sie für einen Idioten oder eine Idiotin hält, sich irrt. Aber das Internet und die Sozialen Netze haben die Art und Weise, wie solche Einschätzungen früher getroffen wurden, völlig neu definiert, weil sie den Unterschied zwischen den dazu Berechtigten und den anderen, zwischen dem öffentlichen Blödmann und dem privaten Idioten vermindert haben. Seit die stumpfsinnigsten Idiotinnen und Idioten die Möglichkeit haben, ihre Meinungen zu verbreiten und von ihresgleichen Zustimmung zu erhalten, gelingt es der Dummheit, das Ausmaß des interaktionellen

Schiffbruchs in bislang unbekannte Höhen zu schrauben. Meine zweite Folgerung: Weil sich Schwachsinn besser verbreiten lässt, steigt die Zahl der Idioten. Quod erat demonstrandum.

Man könnte natürlich einwenden, dass die steigende Zahl der Idiotinnen und Idioten die Wirkung jedes Einzelnen von ihnen auf unser Leben schmälert. Es stimmt, dass meine Großmutter den größten Vollidioten in ihrem Umfeld nicht ausweichen konnte, während die meisten Idioten und Idiotinnen, denen Sie und ich begegnen, mehr oder weniger unbekannt bleiben – und da rede ich noch gar nicht von den Hohlköpfen im Cyberspace. Es ist also nicht absurd festzustellen, dass die Idioten zwar immer mehr werden, dafür aber immer weniger von unserer Zeit beanspruchen.

Bedauerlicherweise geht von diesem Vorteil viel verloren, weil unsere Geduld und unsere Toleranz im selben Maße zurückgegangen sind. Meine Großmutter musste sich mit der Existenz konkreter Idioten und Idiotinnen in ihrem Umfeld abfinden; mit der Zeit konnte sie die Entwicklung ihrer Temperamente verfolgen und gegen jede Erwartung ihre Beziehung zu ihnen verbessern – sogar zu ihrer Schwiegermutter (aber übertreiben wir es nicht, manche *verweigern* sich einfach). Wir sind hingegen mit einer theoretisch unbegrenzten Zahl von Idiotinnen und Idioten konfrontiert, aber nichts zwingt uns dazu, uns moralisch an sie anzupassen. Sie werden mir nun in einer Mischung aus Realismus und schlechtem Gewissen antworten, dass Sie dafür einfach keine Zeit hätten (und zwar weil die einzigen Weisungen, die Sie bedingungslos anerkennen, beruflicher und, unglücklicherweise, nicht philosophischer Natur sind). In der Folge erscheinen Ihnen Menschen aufgrund von Schwächen oder Charaktereigenschaften, mit denen Sie eigentlich zurechtkommen und die sich mit der Zeit noch verändern könnten, als unzumutbar. Sie sind damit zu einem hochpräzisen Detektor geworden, der einen Idioten schon am geringsten Augenzwinkern erkennt – und gnadenlos aus Ihrem Leben verbannt, um nicht von ihm gestört zu werden. Ich folgere drittens: Weil Sie immer empfindlicher auf sie reagieren, steigt die Zahl der Idiotinnen und Idioten. Quod erat demonstrandum.

Diese letzte Beobachtung hat das komplexe Spiel der Präferenzen sichtbar gemacht, durch das wir uns als menschliche Wesen bejahen. Um in einem Satz zwei Jahrhunderte soziologischen Denkens zusammenzufassen: Die Beherrschung von Codes, durch die wir unsere Identität ausdrücken, ermöglicht es dem Einzelnen, sich als Mitglied unterschiedlicher Gruppen zu behaupten, und berücksichtigt gleichzeitig das Bedürfnis des Einzelnen, die eigene Andersartigkeit zu bekräftigen, die innerhalb dieser Gruppen unterschiedlich ausgelebt werden kann (vorausgesetzt, man erklärt sich mehr oder weniger freiwillig bereit, mit den Normen der Gruppe zu interagieren). Heute erleben wir eine riesige Vermengung von Gruppennormen. Unterschiedliche Arten zu sprechen (auch in unterschiedlichen Sprachen), sich zu kleiden, zu lachen, zu gehen oder zu sitzen, Ereignisse zu interpretieren, Emotionen zu empfinden und auszudrücken, unterschiedliche Vorstellungen von Zeit und Raum, des Ich, des Du und des Wir – in anderen Worten, alle Variationen dessen, was man das menschliche Empfinden nennt, werden an Orten – vor allem in den Metropolen – vermischt, an denen die Bevölkerung ihre eigene Diversität als größer als jemals zuvor erlebt. Der zeitgenössische Kosmopolitismus verstärkt also die Fragmentierung der sozialen Codes zu Mikrogemeinschaften, und die Idiotinnen und Idioten bilden eine Untergruppe in jeder dieser Gemeinschaften. Wie wir wissen, erkennt man Idioten daran, dass sie alle ablehnen, die nicht ihren Codes folgen – und diesbezüglich ist die Dummheit gleichmäßig zwischen Herrschenden und Beherrschten, zwischen Linken und Rechten, zwischen Reichen und Armen verteilt, unabhängig von der Rechtfertigung der Privilegien, die sie genießen oder nicht genießen, zwischen Wissenden und Ignoranten, zwischen Gläubigen und Atheisten, zwischen Männern und Frauen und so fort, weil Idiotie nicht die Zugehörigkeit zu einer bestimmten Gruppe bedeutet, sondern die Art, wie Zugehörigkeit zu einer Gruppe über Ausgrenzung definiert wird. Und so leben einstige Unterschiede in Lebensführung, Rasse, Geschlecht oder Kultur in der Gesellschaft in geringerem Ausmaß in Form von weniger homogenen Gemeinschaften wieder auf. Ich folgere weiter: Weil die Grenzen zwischen den Codes verschwimmen, steigt die Zahl der Idioten und Idiotinnen. Quod erat demonstrandum.

Wie bereits ausgeführt, wird dieses Ausfransen der Codes durch die Tatsache kompensiert, dass die Unterschiede zwischen (menschlichen) Gemeinschaften immer unspektakulärer werden: Weil die heikelsten Codes (die Art zu sprechen, sich zu kleiden und so weiter) sich in Richtung globaler Gleichförmigkeit entwickeln und also die Unterschiede geringer werden, müsste man eigentlich annehmen, dass auch die Phänomene der Ablehnung schwächer werden. Aber wie (in der zweiten meiner Beweisführungen) gezeigt, wird diese Uniformierung durch eine erhöhte Reizbarkeit (man könnte auch sagen durch verminderte Toleranz gegenüber sensiblen Unterschieden) kompensiert.

Lassen Sie uns hier kurz überlegen. Je effizienter Algorithmen werden und je breiter wir sie einsetzen, umso stärker entwickeln sich unsere Gesellschaften in Richtung Personalisierung von Waren und Dienstleistungen, die immer besser auf Sie, lieber Hans und liebe Marie, zugeschnitten sind … Folglich nähern sich die Codes von Inklusion und Exklusion mit immer mehr Nachdruck und Präzision den Individuen an. Verstehen Sie, worauf ich hinauswill? In der Geborgenheit von zunehmend personalisierten Codes, die sich auf immer unbedeutendere Details stützen, werden Sie (zumindest theoretisch) bald der oder die *Einzigen* sein, der oder die genau den Codes folgt, die auf *Ihrem* jeweiligen Bildschirm auftauchen. Auf diese Weise ist die Zahl der Idiotinnen und Idioten in einem Ausmaß gestiegen, dass Sie den Eindruck haben, *das letzte menschliche Wesen auf Erden* – allenfalls mit einer beschränkten Zahl von Freundinnen und Freunden – inmitten eines Ozeans von Idioten zu sein.

In dieser Situation ist es sinnlos, auf den Nutzen der Toleranz zu verweisen und zu verlangen, dass wir alle unsere Differenzen akzeptieren müssen, um dann in trauter Harmonie den Ringeltanz zu wagen. So ein Zusammenarbeitsmoralismus ist absurd: Unterschiedlich zu sein bedeutet eben, an unterschiedlichen Vorlieben festzuhalten, was eine natürliche Neigung zur Ablehnung mit sich bringt. Es ist ebenso sinnlos, die Ablehnung zu verurteilen, wie über die Unterwerfung zu jammern, weil Idiotinnen und Idioten, per definitionem, niemals bereit sein werden, bei Ihrem fröhlichen Ringeltanz mitzumachen.

Und wie kommen wir da wieder raus? Sehen wir es uns einmal aus einer anderen Richtung an: Würden Sie selbst angesichts der Tatsache, dass unsere Gesellschaft schon Zeiten größerer Homogenität gekannt hat, ernsthaft behaupten, dass der Respekt vor einer einzigen Form der Rechtschreibung, einer einzigen Art von Grammatik oder Wortschatz, einer mehr oder weniger hellen Hautfarbe oder einer besser gepuderten Perücke ein Zeichen größerer Intelligenz ist? Und welche absurde rückwärtsgewandte Träumerei lässt Sie glauben, dass uns die Abnahme von zwischenmenschlichen Beziehungen eine Gelassenheit zurückgeben könnte, die meine Großmutter (die alles andere als unsympathisch war) nie gehabt hat? Sind Sie überdies sicher (hier spreche ich als Historiker), dass diese Einheitlichkeit der Codes nicht eine rückwärtsgewandte Illusion ist, entstanden durch selektive Quellennutzung? Sie werden erwidern, meine Beispiele seien oberflächlich und dass die weniger idiotischen Menschen genau wüssten, dass der äußere Anschein nicht zählt. Ihnen zum Beispiel sei völlig klar, dass – ob Minirock oder Hijab – die Freiheit der einzelnen Frau das Entscheidende ist; aber abgesehen davon, dass das den Idioten nicht ganz so klar ist, richtet sich mein Angriff dagegen, Freiheit als Wahl zwischen zwei oberflächlichen und völlig bedeutungslosen Optionen zu verstehen.

Wenn Sie sich gegen diese unaufhaltsam ansteigende Flut von Idiotinnen und Idioten stemmen wollen, um nicht als Oberidiot oder Oberidiotin selbst dazuzustoßen, müssen Sie anerkennen, dass es der Wandel von Verhaltenscodes (und damit der *eigentlichen Formen von Freiheit)* hin zu *moralischen Werten* selbst ist, der aus Ablehnung Ausgrenzung macht, sodass man schlussendlich überall nur mehr Idioten und Idiotinnen sieht. Das Konzept der heiligen Werte auf unbedeutende Alltagsdetails anzuwenden, wäre aber eine Verhöhnung des Gebots der größten Weisheit, damit aufzuhören, unsere Nächsten ständig zu beurteilen.

Ich sehe, wie Sie zweifeln … Müssen wir nicht unsere Werte verteidigen? Darauf kann ich nur antworten: Wenn Ihnen Ihre Werte wichtig sind, dann *verteidigen* Sie sie bloß nicht! Sie wie ein Banner vor sich her zu tragen und anderen aufzwingen zu wollen, wird weder ihre Verbreitung zur Folge haben noch die Dummheit zurückdrängen. Ich habe bereits darauf hingewiesen, es sind nicht Ihre Werte, die Sie von den Idioten unterscheiden, sondern Ihre Beziehungen und die Qualität dieser Beziehungen. Natürlich gilt meine ganze Sympathie Ihren Werten, weil sie Ihre Vorliebe für eine bestimmte Art von Beziehungen ausdrücken. Sie sind aber zum Scheitern verurteilt, sobald Sie Ihre Werte als alternativlos verstehen. Die *Freiheit* zum Beispiel ist nie bedingungslos, sie beschreibt die Möglichkeit, den eigenen Weg unter den gegebenen – also präzisen und definierten – Umständen zu gehen.

Bei näherer Betrachtung ist es nicht die Frage nach dem Vorhandensein von Werten, was die einzelnen Gruppen voneinander unterscheidet – glücklicherweise! –, und die Idee, *unsere Werte* würden uns unterscheiden, ist an sich schon idiotisch, weil sie einer Sache, die *ihrem Konzept nach* darauf angelegt ist, Trennendes zu überwinden statt zu rechtfertigen, eine lokale Besonderheit zuschreibt. So können Sie zum Beispiel nicht sagen, *Ihr* Ideal bedeute Freiheit, ohne den anderen das Recht abzusprechen, sich darin wiederzufinden. Ich kann mir gar nichts Gefährlicheres vorstellen, weil Sie sich damit alle, die Freiheit anders verstehen als Sie, zum Gegner machen.

Lassen Sie uns festhalten, dass Sie, anstatt Ihre Werte zu verteidigen, lieber an Ihren Beziehungen arbeiten sollten, um Anzahl und Ausmaß von Missverständnissen zu reduzieren. Denn wenn ich daran erinnern darf, es sind vor allem Missverständnisse, die zur Verbreitung der Idioten und Idiotinnen führen. Sie können ihre Vermehrung also weder durch die Rückkehr zum kolonialen Universalismus der Aufklärung eindämmen noch durch den personalisierten Relativismus des digitalen Zeitalters. Das werden Sie nur vermeiden, wenn Sie Ihre defensive Haltung aufgeben und Ihre idealen Werte dem Risiko konkreter Interaktionen aussetzen und Verhandlungen darüber beginnen, wie Sie Ihre Beziehungen auf allen Ebenen verbessern können, denn das wird die Idioten in allen Gruppen schwächen. Mit anderen Worten, seien Sie mehr Bastler und Tüftler als Richter.

13.
Achten Sie auf Ihre Interaktionen,
dann wird das mit den Werten auch klappen.

WARUM DIE IDIOTEN IMMER GEWINNEN

Dummheit ist eine dieser Eigenschaften, die nach menschlicher Überzeugung nur ihrer Gattung eigen ist, aber selbst in diesem Punkt irren die Menschen.

Das ist leicht zu verifizieren. Das Steinchen in Ihrem Schuh benötigt keine Absicht, um Ihnen so richtig auf die Nerven zu gehen.

Hier wird die entscheidende Methode zum Umgang mit Idioten formuliert. Sie geht aus von einer bestimmten Auffassung von deren Welt, von Ihrer Welt und von Ihren jeweiligen Persönlichkeiten.

Mein letztes Kapitel könnte bei Ihnen den Eindruck hinterlassen haben, bei der Idiotie handle es sich bloß um ein Phänomen der Darstellung, als wäre sie bloß eine Illusion. Sie hoffen womöglich, sie befänden sich bereits auf dem besten Weg zu einer Schlussfolgerung, mit der es uns, im Zustand einer rein philosophischen Ekstase, gelingen könnte, gemeinsam die Idiotie zu überwinden und die Welt wieder zu versöhnen. Lassen Sie mich die Dinge geraderücken: Einerseits bleibe ich, unabhängig davon, ob er historisch belegbar ist oder nicht, bei dem Eindruck, dass die Zahl der Idiotinnen und Idioten wächst, selbst wenn sie tatsächlich sinken sollte. Warum? Weil die Zahl der Idioten und Idiotinnen nicht nach historischen Maßstäben steigt. Ihre Zahl steigt für uns im Laufe des Lebens in dem Maße, in dem wir die Illusion über die Einheit des Phänomens Mensch und die Möglichkeit, unsere eigenen Wertvorstellungen mit anderen zu teilen, verlieren. Während also der Idiot oder die Idiotin in Ihnen schwindet, sprießen rund um Sie Tausende Idioten und Idiotinnen wie Pilze aus dem Boden. Deshalb kann man sagen, die Zahl der Idioten wächst in dem Maße an, in dem wir aufhören, einer oder eine zu sein.

Seine Naivität zu verlieren, hindert unser Hirn allerdings nicht daran, sich in neuen Fesseln zu verfangen. Während nämlich Ihre Lebenserfahrung wächst, zerstören die Entwicklung der Gesellschaft, die Umgestaltung der Städte, der technologische Wandel nach und nach den Kontext Ihrer Erinnerungen. Wenn Sie nun den heutigen Zustand des Viertels betrachten, in dem Sie groß geworden sind, oder wenn Sie (vom Hörensagen natürlich) mitbekommen, wie junge Leute heute zusammenkommen und wie ihr Sexleben aussieht, dann überschwemmt Sie eine Welle der Nostalgie. Wie gut ich Sie verstehen kann, liebe Leserin und lieber Leser! Diese individuelle Nostalgie, die aus der Fremdheit des Neuen entsteht, kann weder geleugnet noch verdrängt werden, ohne unsere ganze Gesellschaft zu gefährden, weil sie ein grundlegendes Prinzip freilegt, das die größte Macht der Idioten darstellt: die Trägheit.

Woher kommt diese Trägheit – die Sie hinter *vorgefassten Meinungen* und *bornierten Menschen* vermuten? Um sie zu verstehen, muss man von ihrem Gegenteil ausgehen, der Anpassungsfreude. Die Anpassung ist das Ergebnis eines langen Lernprozesses, dessen prägendste Periode die Kindheit ist und dessen Informationen in die tiefsten Schichten unseres Unbewussten eingeschrieben sind. Sie stützt sich auf eine lange Liste von Erfahrungen, zu denen der Raum, in dem wir leben, ebenso gehört wie die Beschaffenheit der Sinneseindrücke (akustische, taktile und so weiter), die wir für gewöhnlich wahrnehmen, die (sprachlichen und sonstigen) Interaktionen, die wir mit anderen Menschen haben, kurz gesagt, alles, was das ausmacht, was jeder und jede Einzelne »die wahre Welt« nennt. Dass wir ein bestimmtes Verhalten automatisch wiederholen, bestimmte Assoziationen bilden oder in bestimmte Sprechweisen verfallen, hängt direkt mit den »Welten« zusammen, auf die sich diese Verhaltensformen oder Repräsentationen beziehen. Praktisch alles, was uns als Individuen definiert, entwickeln wir auf der Grundlage dieses Imperativs der Anpassung. Daraus bildet sich, was ich »Persönlichkeit« nennen möchte, eine einzigartige (nicht völlig vorhersehbare, aber auch nicht völlig zufällige) Disposition, auf Ereignisse in einer bestimmten Form zu reagieren. Der Begriff ist derart komplex und verwirrend, dass niemand imstande ist, die sozialen, genetischen und symbolischen Determinierungen auseinanderzuhalten oder die bewussten und unbewussten Erfahrungen zu entwirren, die man ein Leben lang sammelt.

Nun: Was auch immer der Ursprung unserer Persönlichkeit sein mag, die Welt der Erfahrungen ist jedenfalls eine extrem mühsame. Ein Mensch ändert seine Meinung, seinen Zugang oder sein Verhalten folglich nur, wenn neue Erfahrungen ihn dazu zwingen, sein Referenzsystem (das Weltbild, auf das er sich bezieht) anzupassen. Denn erst muss man sein Weltbild aktualisieren, dann kann man seine Persönlichkeit entsprechend anpassen; sich bloß dadurch zu verändern, dass man es behauptet, ist nämlich völlig unmöglich. (Trotz aller voluntaristischer Rhetorik ist das so evident, dass dem jeder zustimmen wird – und sei es nur, um sich seine eigenen Fehler zu verzeihen.) Wenn also, um es auf den Punkt zu bringen, in Ihrer »Welt« gut abgesicherte Beweisführungen relevant sind, dann wird meine Argumentation Sie überzeugen können. Wenn das nicht der Fall ist, wird es vielleicht mit einem Bild oder einem Video, einem GIF oder sonst etwas, das Sie für relevant halten in der Gestaltung Ihrer Haltung zur Welt, besser gelingen.

Leider ist es aber nicht so leicht, sein Weltbild zu ändern. In einer sonderbaren Feedbackschleife neigt unsere Persönlichkeit dazu, jenes Weltbild zu verteidigen, an dem sie sich ursprünglich ausgerichtet hat. Und so entsteht ein Kreis, der uns, die Welt und das »Ich«, vereint, weil nicht nur die Veränderung der Persönlichkeit eine Veränderung des Weltbilds voraussetzt, sondern umgekehrt das Trägheitsmoment der Persönlichkeit auch das Weltbild vor jeder Veränderung bewahrt. Um es in *deren* Worten auszudrücken: Der Angriff auf das eine ist ein Angriff auf das andere.

Sie können daher die Vorstellungen eines Idioten nur ändern, wenn Sie die Tatsache mitbedenken, dass seine Idiotie zunächst das Ergebnis einer Anpassung ist. Letzten Endes sind seine Trägheit und seine Blindheit das Resultat mehr oder weniger gelungener Anpassungen an präzise, wenn auch hinfällige, verblichene oder partielle Determinationen. Es braucht also viel Feingefühl, ihn dazu zu bewegen, seine Meinung, sein Verhalten usw. zu ändern, indem man die Breschen in seinem Weltbild sehr vorsichtig nutzt, ohne seine Persönlichkeit zu stürzen. Man muss jede Situation von Mal zu Mal neu bewerten, es gibt kein Rezept dafür, außer dass der Kampf gegen die Trägheit der Idioten ganz allgemein voraussetzt, dass man sie über Veränderungen aufklärt, die in ihrer Welt *bereits stattgefunden* haben, und ihnen zeigt, dass es notwendig ist, diese in ihr Weltbild zu integrieren – in der für sie geeigneten Form, und sei das ein Comic oder ein Werbejingle statt einer Beweisführung.

Wenn Sie meinen, Sie seien jetzt schon so weit, Lektionen zu erteilen, dann bedenken Sie, dass die Dynamik der Übernahme neuer Elemente in ein Weltbild immer wechselseitig ist; das bedeutet, dass die Art, wie der Strohkopf oder die Hexe, mit denen Sie sprechen, annehmen, was Sie ihnen sagen, in einem sehr präzisen Verhältnis zu Ihrer Fähigkeit steht, das (mentale) Weltbild der Idiotinnen und Idioten zu berücksichtigen; Sie müssen (und sei es auf Grundlage von ihrer bloßen Existenz) akzeptieren, dass auch deren Weltbild de facto ein Teil der Wahrheit ist. Sie können also nicht sicher sein, dass Ihr eigenes (mentales) Weltbild nicht völlig idiotisch ist, solange Sie – *in erster Linie Sie* – nicht bereit sind, die Realität jenes Weltbilds, für das die Idioten stehen, anzuerkennen. Denn dieses Weltbild markiert die Lücken in Ihrem eigenen.

Die Idiotie eines anderen zu überwinden, bedeutet daher zwangsläufig, auf Basis beider Lücken im Wechselspiel zwei Weltbilder zu modifizieren. Keine Sorge, Weltbilder zu verändern ist nicht allein Ihre Aufgabe: Aus einer breiteren Perspektive betrachtet können Sie die Veränderungen der Geschichte und ihrem natürlichen Verlauf überlassen. Denn was immer die »Fortschrittlichen« denken – niemand weiß, in welche Richtung sich die Geschichte entwickelt; und was immer die »Konservativen« denken, die Welt bewegt sich weder von selbst noch rückwärts. Wir haben also keine andere Wahl, als an den Veränderungen, die stattfinden, teilzunehmen und unsere Anstrengungen darauf zu konzentrieren, die Evolution der Geschichte an unseren Präferenzen *auszurichten*, die wir ständig aktualisieren müssen.

Hier sind wir an einer Weggabelung angekommen: Wir spielen um unsere Zukunft (oder das, was wir für unsere Zukunft halten) und können dabei entweder gewinnen oder verlieren. Nun denn! Gegen die Idioten und Idiotinnen werden wir, mit Ausnahmen, so gut wie immer verlieren. Warum? Nicht etwa, weil sie in der Mehrheit sind – das wäre absurd. Da Idioten interaktionelle Entitäten sind, können sie *gar nicht* gezählt werden! Umgekehrt ist es natürlich richtig zu sagen, dass die Mehrheit der Menschen fast immer idiotisch ist, weil der Mensch dazu neigt, den Weg des geringsten Widerstands zu gehen. Genau so ist das und nicht anders: Faulheit, Unaufmerksamkeit, Inkompetenz und Konformismus. Letztlich führen alle diese Begriffe immer auf ein und dasselbe zurück: das gute alte Prinzip der Trägheit. So gesehen gewinnen die Idiotinnen und Idioten wegen der natürlichen Neigung der Natur fast immer. Wir beide, Sie und ich, kämpfen darum, dass unsere Gesellschaft einen Schritt zur Seite macht und einige unwahrscheinliche, ausgeklügelte und konstruktive Reaktionen zustande bringt. Die natürliche Neigung wird jedoch immer gewinnen, was sich als umso unvermeidbarer erweist angesichts der Tatsache, dass die Natur nichts anderes ist als der Schnittpunkt aller Weltbilder, wenn wir den denn finden könnten.

14.
Ergründen Sie die Lücken.

SCHLUSSFOLGERUNG

Wir wussten es von Beginn an – jede Idiotie ruft eine Idiotie als Reaktion hervor. Wer die Idioten und Idiotinnen ausrotten will oder seine Gegner zu Idioten erklärt, trägt also aktiv zur Verbreitung der Idiotie im eigenen Umfeld bei. Deshalb konnten wir uns den Idiotinnen und Idioten nur mittels eines Spiegels annähern, und deshalb lässt dieses Buch Sie schließlich mit dem Gefühl zurück, nach seiner Lektüre *idiotischer* zu sein als zuvor. Denn nun *wissen* Sie, die Intelligenz zu verteidigen bedeutet nicht, sich als geschickter oder erfahrener einzuschätzen, sondern in sich eine Lernbereitschaft zu mobilisieren. Das wiederum bedeutet, sich selbst *als ein Subjekt denken zu können, das im Unrecht sein könnte.*

Ja, die Idioten haben uns gelehrt, dass es im Angesicht der Dummheit keine Experten gibt, sondern dass man ständig neue Tricks und Wege finden muss, um mit diesem sonderbaren und chaotischen Phänomen fertigzuwerden. Und, ich muss leider darauf hinweisen, auch wenn Sie sich gerade in dieses Buch vertiefen, Sie bleiben auch weiterhin ein *Subjekt, das im Unrecht sein könnte.* Erst wenn Sie auf einen Idioten oder eine Idiotin treffen, die Sie als völlig authentisch in ihrer Idiotie empfinden, können Sie Ihren Wert und Ihre Werte unter Beweis stellen, und erst dann wird Ihr »Rechthaben« nicht mehr rein theoretisch sein.

Mit anderen Worten: Wir haben gesehen, wie Idioten in uns bestimmte Emotionen wecken; dass dieser emotionale Zustand zum Verlust von Vertrauen führt; dass dieser interaktionelle Schiffbruch wechselseitig ist und jede Kommunikationsfähigkeit zerstört; und dass im Ausmaß des Verlustes unser Bedürfnis wächst, diesen verloren gegangenen Kontakt mittels einer Autorität wiederherzustellen. Dummerweise artikuliert sich diese Autorität in Beschimpfungen, dem Verweis auf die Moral oder das Gesetz und durch jede Menge anderer Reaktionen, die alle dieselbe Funktion haben: Sie sollen die Macht der zerstörten Bindung durch eine andere Form wiederherstellen – durch eine aggressive, gewalttätige, dominante, also zerstörerische Haltung. Um nicht in einen Krieg gegen die Idiotinnen und Idioten abzurutschen, der ein Krieg jeder gegen jeden wäre, müssen wir zwischen den folgenden drei Strategien variieren: mit denen verhandeln, die dazu in der Lage sind; jene verändern, die das zulassen; und die sein lassen, die sich verweigern.

Unsere Untersuchung hat also eine menschliche Dimension zum Vorschein gebracht, die *unabhängig* von der Idiotie existiert und fortbesteht: Es handelt sich um die gleichzeitig fragilen wie unzerstörbaren Verbindungen der wechselseitigen Abhängigkeit, die unsere Existenzen im Guten wie im Schlechten untrennbar verbinden. Diese immaterielle Nabelschnur, die uns miteinander verknüpft, diese mentalen Verflechtungen, die unsere Gehirne vernetzen, diese Wut- oder Freudensausbrüche, die von Haut zu Haut wandern, erinnern uns daran, dass Individuen aus ihren Interaktionen entstehen, *noch bevor* Gruppen oder Institutionen aus den Vorlieben und Aktivitäten dieser Individuen entstehen.

Was auch immer an Bartheken oder am Familientisch geredet werden mag – Solidarität ist nichts, was wir verloren haben und wiederfinden müssen. Ob es uns gefällt oder nicht, ob wir es verstehen oder nicht. Solidarität – das mag unangenehm sein – kann nicht verloren gehen. Mit Solidarität ist weniger die Entscheidung gemeint, großzügig zu sein, als vielmehr die Funktionsweise von Interaktionen, die wahllos unendlich viele Variationen zusammensetzen oder zerlegen können und dabei die Regeln des Chaos selbst improvisieren.

So gesehen ist das erste Fundament der Dummheit unsere konstitutive Sehnsucht, für uns allein zu leben – eine Sehnsucht, die im Widerspruch zu der komplementären Sehnsucht steht, dazuzugehören; und deshalb will sie nichts hören als das, was sie bestätigt, nichts voraussehen als das, was sie sich vorstellt, nichts einsetzen als die von ihr fantasierten oder bereits zur Verfügung stehenden Mittel. Es gibt nichts Stureres, Blinderes, Obskurantistischeres als diese Sehnsucht, und wegen seines legitimen Strebens nach dem geringsten Aufwand verfällt jedes menschliche Wesen immer und immer wieder in seine idiotischste Form und muss tief im Boden der Sehnsucht graben, um Wege zu finden, jemals wieder herauszugelangen. In dieses Toben der Sehnsucht, die alles vereinnahmen will, diesen absurden Stolz in der Freude wie in der Trauer, diese Blindheit im Wissen wie in der Ignoranz, diese Verachtung für andere im Glück wie im Unglück, diese Taubheit im Dialog wie in der Stille verstricken wir uns jeden Morgen – aber jeder geht früher oder später auch wieder schlafen. Deshalb ist es so angenehm, den *Idioten vorzugeben*, weil es eine Form ist, uns von dem permanenten Kampf zwischen Trennung und Verbundenheit, zwischen dem Streben nach Autonomie und unserem Bemühen um Zugehörigkeit zu erholen.

Mit diesem Essay zur interaktionellen Ethik, der eine Art improvisierte Seelsorge geworden ist, scheint mir bewusst geworden zu sein, wie schwierig es für jede und jeden von uns ist, das Gleichgewicht zu halten zwischen dem gewaltsamen Aufzwingen von Normen (was zur Zerstörung der zwischenmenschlichen Beziehungen beiträgt) und dem relativierenden Verzicht darauf (was auf umgekehrte Art dieselbe Konsequenz hat). Das Verachten der Idioten, das an beiden Enden steht, ist daher unbefriedigend. Bei näherer Betrachtung lehren uns alle Pathologien der zwischenmenschlichen Beziehungen – wobei die Idioten das Symptom dieser Pathologie sind –, auf die unterschiedlichen Formen der wechselseitigen Abhängigkeiten zu achten, die sie offenbaren. Ich bin also noch lange nicht fertig mit der Ethik der zwischenmenschlichen Interaktionen. In ihr sehe ich erhellende Möglichkeiten, auch noch andere gegenwärtige Probleme zu beschreiben.

Wenn Sie Ihre Wut auf die verschiedenen Idioten also weder hinunterschlucken noch verpuffen lassen wollen, müssen Sie einen Weg finden, Ihren Gegnern und Gegnerinnen Platz zu machen – ja, einfach nur Platz zu machen –, damit sie aufhören, Ihnen auf die Nerven zu gehen, und in dem Spiel der Kräfte einen etwas würdigeren Ausgang finden können. Ich habe Sie allerdings gewarnt: Die werden Sie nicht einfach machen lassen. Während Sie sich bemühen, sich als Kraft des Friedens zu behaupten, werden die weiter als Kraft des Krieges auftreten. Im Alltag bleibt Ihnen nichts anderes übrig, als einmal den Weg der Diplomatie einzuschlagen, den Schmerz der Idioten anzunehmen und ihre Negation zu integrieren, und ein anderes Mal im offenen Konflikt ihren Schmerz und ihr Leiden zurückzuweisen und sie gegen Sie wüten zu lassen. In jedem Fall werden Sie immer mehr von den Idioten lernen als die von Ihnen, weil Sie lernen wollen. Und ich erwähne erneut, dass das kosmische Gleichgewicht Krieg und Frieden gleichermaßen gleichgültig gegenübersteht.

Philosophinnen und Philosophen haben in der Indifferenz des Universums eine Art letzter Gelassenheit oder Weisheit zu entdecken versucht. Aber, ich habe es schon zu Beginn angekündigt, eine Weisheit zu erreichen, die in der Lage wäre, alle Idioten mit einem einzigen Blick aufzulösen, hieße, Gott zu sein oder bereits tot – und selbst indifferent angesichts dieser zwei Möglichkeiten. In *dieser* Welt, also unter den Gestirnen, hat noch kein Konflikt geendet, ohne Spuren zu hinterlassen, ohne dass jemand sich als Verlierer, als gedemütigt oder verletzt empfunden hätte, sodass die Idiotie niemals aufhören wird, aus ihren Niederlagen mit derselben Fröhlichkeit wie aus ihren Siegen wiederaufzuerstehen. Deshalb werden die Idiotinnen und Idioten Sie immer wegen Ihrer *sogenannten* Tugend auslachen, und ihr Leid wird sich immer gegen Ihr *sogenanntes* Bemühen um Frieden auflehnen. Deshalb hat der Friede keine andere Wahl, als die Energie des Krieges aufzunehmen und die Notwendigkeit von Konflikten als *Spiel* aufzufassen, statt zu behaupten, eine dritte Möglichkeit darzustellen. Das ist die Realität und die Moral unserer – individuellen und kollektiven – Geschichte: Sie ist nichts weiter als ein großes, gleichermaßen tragisches wie komisches Spiel von Trennungen und Wiederbegegnungen. Statt Ihre Angst als *Wetteinsatz* zu sehen, wird es Ihnen gelingen, sie *im Spiel* zu besänftigen, und erst dann können Sie, wenige Augenblicke vor Ihrem Tod, an dem Tisch Platz nehmen, an dem die Philosophen und die Götter laut lachen und einander beschimpfen.

DANKSAGUNG

Ich danke ganz besonders Luiz Camillo Osorio, dem Leiter der philosophischen Fakultät der Pontifícia Universidade Católica de Rio de Janeiro, Jimena Solé, Professorin an der Universidad de Buenos Aires, und Helena Urfer von der Université de Montréal (UdM), die mir die Bedingungen geschaffen haben, ohne die diese Forschung zur interaktionellen Ethik nicht möglich gewesen wäre.

Dank außerdem an Annelore Parot, Aurélien Robert, Diane Lançon, Maxime Catroux, Pauline Hartmann und Ronan de Calan, die ihr Leid und ihre Erleuchtung mit mir geteilt haben. Und natürlich an Camila, *que explora com tanto carinho e tanta coragem as brechas do meu mundo.*

BIBLIOGRAFIE

Da ich die hier angegebenen Bücher während des Schreibens nicht erneut herangezogen habe, hielt ich es nicht für nötig, in Anmerkungen auf sie zu verweisen. Wer sie kennt, wird die Stellen erkennen, die meine Gedankengänge gelenkt haben, wer nicht, wird sie mit Gewinn lesen.

Habermas, Jürgen, Moralbewußtsein und kommunikatives Handeln, Frankfurt 2023 [1983]

Honneth, Axel, Kampf um Anerkennung. Zur moralischen Grammatik sozialer Konflikte, Frankfurt 2025 [1994]

Kant, Emmanuel, Grundlegung zur Metaphysik der Sitten, Hamburg 2016 [1785]

La Boétie, Étienne de, Abhandlung über die freiwillige Knechtschaft, Innsbruck 2025 [1574]

Nietzsche, Friedrich, Zur Genealogie der Moral, Berlin 2024 [1887]

Sacher-Masoch, Leopold von, Venus im Pelz, Frankfurt 2013 [1870]

Sade, Donatien A. F. de, Die 120 Tage von Sodom. Die Philosophie im Boudoir oder Die lasterhaften Lehrmeister, München 2023 [1795]

Sloterdijk, Peter, Regeln für den Menschenpark. Ein Antwortschreiben zu Heideggers Brief über den Humanismus, Frankfurt 1999

Stirner, Max [Johann Caspar Schmidt], Der Einzige und sein Eigentum, Göttingen 2020 [1845]

DER AUTOR

Maxime Rovere, geboren 1977, Philosoph, Schriftsteller und Übersetzer. Er hat mehrere Bücher über Baruch Spinoza publiziert und dessen Korrespondenz übersetzt und beschäftigt sich in seiner eigenen Philosophie mit interaktioneller Ethik. Rovere ist Associate Researcher an der École Normale Supérieure (Lyon), hält regelmäßig Vorlesungen an den Universitäten von Buenos Aires und Montreal und war 2019 Council of Humanities Visiting Fellow an der Princeton University.